인문 · 사회 · 교육 · 자연 · 공학 · 의약 · 예체능 계열

전공으로 보는 직업세계

Expanding your future

김창, 김정환, 김현빈, 최진희, 허제인 지음

워크체인개발원　　 북마크

인문 · 사회 · 교육 · 자연 · 공학 · 의약 · 예체능 계열

전공으로 보는 직업세계

진로를 찾아가는 방법

하고픈 일을 알아야 역량 개발이 가능하다. 직업은 일들의 결합으로 이루어진다.

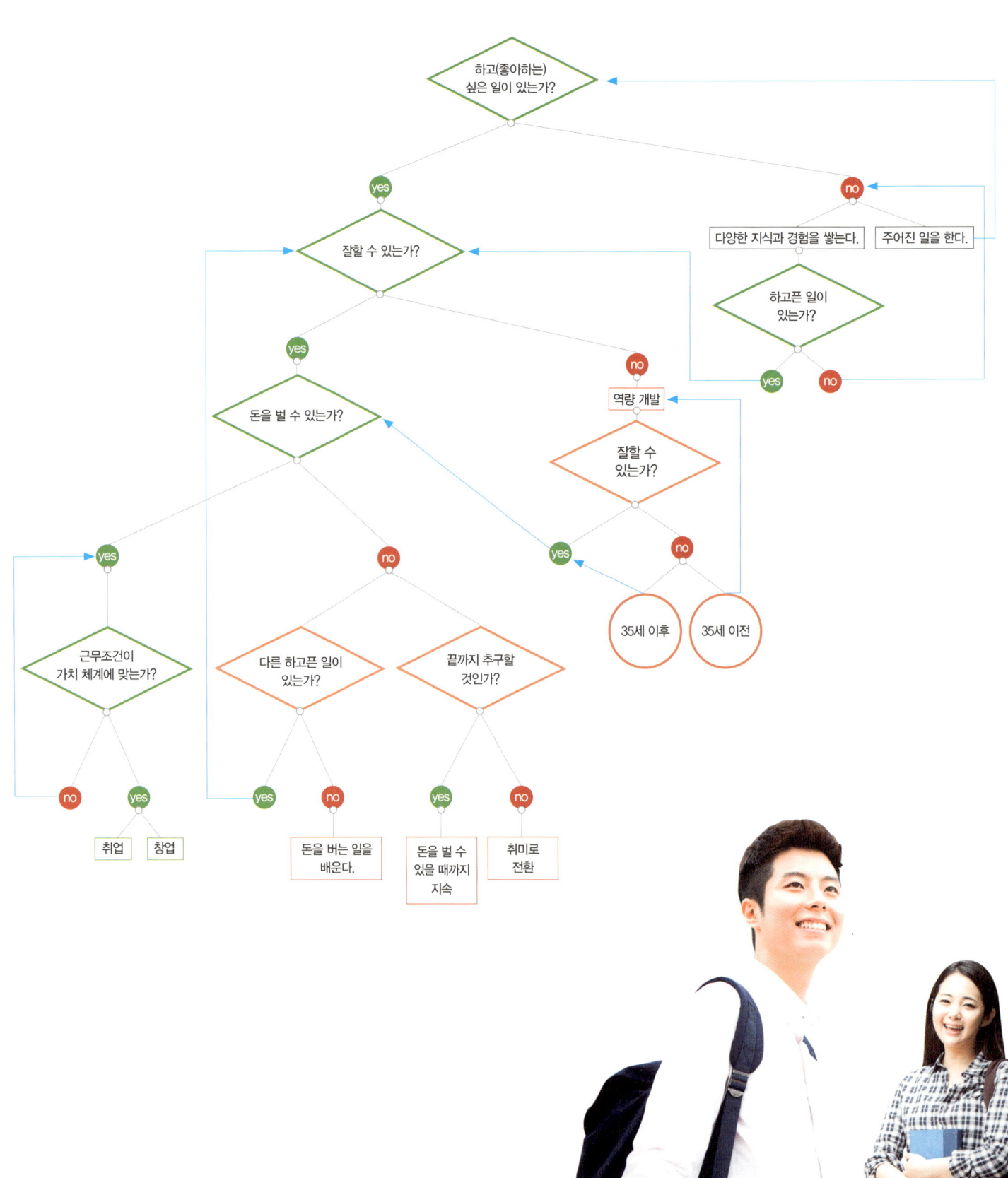

Contents

진로를 찾아가는 방법

들어가면서

대학교에는 1,000개가 넘는 다양한 이름의 전공이 있습니다. 교육부에서는 이러한 전공을 통합하여 149개(2014년 기준)로 정리하였고, 이를 토대로 전공과 관련 직업을 연결하여 설명하고 있습니다.

『전공으로 보는 직업세계』는 교육부와 한국직업능력개발원이 공동으로 발행한 '대학학과─직업 매트릭스'를 기초로 하였고, 직업 경험이 많은 현장 전문가에 의해 내용을 수정 보완하였습니다. 그리고 각 전공에 따른 분류를 시작하는 페이지에는 교육부 커리어넷의 내용을 참고하여 계열에 대한 설명을 담았습니다.

우리는 직업세계의 변화와 자신의 특성에 맞춰 진로를 결정하고, 필요한 능력을 개발하기 위해 대학교에 진학합니다. 하지만 대학교에 들어가기 전에는 어떤 전공이 있고, 전공에 따른 진로와 직업이 무엇인지 모르는 경우가 많습니다. 심지어 성적에 맞춰 전공을 선택하기도 합니다.

그래서인지 자신이 선택한 전공을 살려서 취업하는 경우는 20%에도 못 미친다고 합니다. 전공에 대해 사전 지식을 충분히 쌓고, 선택에 신중해야 하는 이유입니다.

일반적으로 규모가 큰 대학교는 인문계열, 사회계열, 교육계열, 공학계열, 자연계열, 의약계열, 예체능계열 등을 모두 갖추고 있습니다. 이러한 계열별 구분을 기준으로 각 계열에는 어떤 전공이 있고, 그 전공에서 무슨 일을 배우며, 사회에 진출하여 어떤 회사나 조직에서 일하게 되는지를 알아보도록 하겠습니다.

『전공으로 보는 직업세계』에서 주는 질문과 답을 모두 풀어보면(체험) 여러분은 각 계열의 특성과 진로로 생각하고 있는 전공에 대한 지식을 갖게 될 것이며, 전공과 직업세계가 어떻게 연결되는지 이해하게 될 것입니다.

『전공으로 보는 직업세계』는 공항을 모티브로 한 인문계열, 사회계열, 교육계열, 자연계열, 의학계열, 공학계열, 예체능계열 편으로 구성되어 있습니다.

이미 진로(전공)를 결정한 학생이라면 해당 계열이나 전공을 찾아서 보아도 좋습니다. 하지만 진로에 대한 정보가 부족하고 여러 진로에 대해 관심이 있거나, 융복합 진로를 생각하는 학생이라면 차분하게 처음부터 끝까지 읽어 보기를 권장합니다. 진로는 언제든 바뀔 수 있기 때문에 전공에 대한 정보와 특성을 알아두는 것은 매우 중요합니다.

인문계열과 사회계열은 전공과 직업이 일치하기 어렵다는 특성이 있으므로 이 점을 고려하여 읽어주시기 바랍니다.

생각정리

인문계열에서 관심 있는 일, 직업, 전공, 직무, 회사를 적어 봅시다.

	일	직업	전공	직무	회사
1					
2					
3					
4					
5					
6					
7					
·					
·					
·					
·					

WorkChain

I. 인문계열

국어국문학과 / 국제지역학과 / 독일어 · 문학과 / 러시아어 · 문학과 / 문예창작과 / 문헌정보학과 / 문화 · 민속 · 미술사학과 / 역사 · 고고학과 / 스페인어 · 문학과 / 심리학과 / 언어학과 / 영미어 · 문학과 / 일본어 · 문학과 / 종교학과 / 중국어 · 문학과 / 철학 · 윤리학과 / 프랑스어 · 문학과

I. 인문계열이란?

인문계열은 모든 학문의 근본이 되는 인문학의 교육과 연구를 목표로 합니다. 인문계열은 인간과 인간의 문화, 인간의 가치와 인간의 자기표현 능력을 바르게 이해하기 위한 과학적인 연구 방법에 관심을 갖고 있습니다.

자연과학과 사회과학이 경험적인 접근을 주로 사용하는 것과는 달리 분석적이고, 비판적이며, 논리적인 방법을 폭넓게 사용합니다.

1. 어떤 분야로 구성되어 있을까요?
인문계열에는 언어 · 문학과 인문과학이 있습니다.

– 언어 · 문학
인류의 언어를 과학적으로 연구하는 언어학과 언어를 표현의 수단으로 하는 예술 활동, 언어로 만들어진 작품을 연구하는 문학을 바탕으로 하는 영역입니다. 이 영역에는 세계 여러 나라의 언어와 문학을 연구하는 분야가 포함됩니다.

– 인문과학
인간 및 인간의 사상 일반에 관한 과학적 연구가 포함되는 영역으로, 인문과학에 포함되는 학문 영역은 나라마다 다릅니다. 우리나라의 경우에는 언어와 문학을 제외한 인류문화 관련 학문, 심리학, 역사학, 종교학, 철학 등이 포함됩니다.

2. 무엇을 배울까요?
인문계열에서는 세계 각국의 언어와 문학, 인류학, 심리학, 철학, 종교학 등을 배울 수 있습니다.

대학교에서는 언어와 문학에 관련된 내용들을 배우고, 전문대학에서는 실용적인 외국어를 배울 수 있습니다.

3. 졸업 후 진로는 어떨까요?

인문학은 사회 어느 분야에서나 지식의 기반이 되기 때문에 인문계열 관련 학과를 졸업하고 진출하는 분야는 매우 다양합니다. 사무 관련 업무를 하거나 작가 및 관련 전문가로 활동할 수 있으며, 외국어나 문학을 전공하면서 교직과정을 이수하여 중등학교 교사로 진출할 수 있습니다.

4.전공에 필요한 개인의 능력은 무엇일까요?

언어와 문학을 전공하려면 외국어를 배우는 데 흥미가 있고, 세계 각국의 문학 작품에도 관심을 갖는 것이 좋습니다. 인문과학을 전공하려면 사람과 사회에 대한 폭넓은 관심과 지적 호기심을 갖고 다양한 경험을 쌓는 것이 좋습니다. 인간 이해를 기본으로 하는 인문과학에는 열린 시각, 다양한 관심과 경험이 도움이 됩니다.

이 장은 인문계열에 진학했을 때 선택할 수 있는 전공들을 위주로 다루었습니다. 단, 하는 일이 인문계열만이 아닌 다른 계열 전공과도 관계가 있을 경우에는 다른 전공도 같이 표시하였습니다.

보기

❶ 광고 / 홍보

❷ 광고전문가 / 홍보전문가

❸ 국어국문학과 / 문예창작과 / 심리학과

❹ 광고홍보학과 / 국제학과 / 사회학과 / 언론방송매체학과 / 정치외교학과 / 신문방송학과

❺ 제일기획 / 이노션월드와이드 / 에이치에스애드 / 대홍기획 / SK플래닛 /
티비더블유에이코리아 / 오리콤 / 한컴 / 엘베스트 / 레오버넷 등

1. 인천국제공항을 한 번도 가보지 않은 사람도 그곳이 낯설게 느껴지지 않는 이유는 인천국제공항이 우리에게 잘 알려져 있기 때문입니다. 이렇게 사람들에게 잘 알려진 것은 인천국제공항이 오랫동안 비용을 들여 광고와 홍보를 지속했기 때문입니다.

생각하기

- 사람들에게 잘 알려지기 위해 어떤 일을 해야 할까요?

- 이러한 일을 하는 전문가를 뭐라고 할까요?

- 이런 전문가가 되려면 어떤 전공을 하는 것이 유리할까요?
  - 인문계열

  - 사회계열

- 이런 전문기들온 주로 어떤 회사에서 일을 할까요?

보기

❶ KBS / SBS / MBC

❷ YTN / JTBC / 한국경제TV / 머니투데이방송 MTN / 서울경제TV

❸ 아나운서

❹ 국어국문학과 / 신문방송학과 / 언론정보학과 / 영어영문학과

❺ 기자

❻ 언어학과 / 국제학과 / 도시지역학과 / 사회학과 / 언론방송매체학과 / 정치외교학과

❼ 신문사 / 잡지사 / 인터넷신문사 / 기업체 홍보팀 / 1인 미디어

❽ 프로듀서(방송연출가)

❾ 국어국문학과 / 연극영화학과 / 영상예술학과 / 신문방송학과 / 문화콘텐츠학과 /
　 방송제작과 / 언론홍보학과 / 연극영화과 / 문예창작과 / 방송영상과

2. 광고/홍보가 잘 되어 많은 사람들이 이용하게 되면 여러 방송국의 뉴스에서 인천국제공항을 다루게 됩니다.

생각하기

- 방송국은 뉴스를 만들고 방송을 하기도 합니다. 방송국에는 어떤 회사들이 있을까요?

　• 공중파 방송국

　• 케이블 방송국

- TV나 라디오에서 뉴스를 전달하는 일을 하는 전문가를 뭐라고 할까요?

　• 이런 전문가가 되려면 어떤 전공을 하는 것이 유리할까요?

- 뉴스를 만들려면 새로운 소식을 취재하는 사람이 있어야 합니다.
  이런 일을 하는 전문가를 뭐라고 할까요?

　• 이런 전문가가 되려면 어떤 전공이 유리할까요?

　• 이런 전문가들이 방송국이 아닌 곳에서도 일을 합니다. 주로 어디에서 일을 할까요?

- 모든 방송 프로그램은 제작부터 방송까지 프로그램을 책임지는 사람이 있습니다.
  이런 일을 하는 전문가를 뭐라고 할까요?

　• 이런 전문가가 되려면 어떤 전공이 유리할까요?

보기

❶ 방송작가

❷ 국어국문학과 / 문예창작과 / 연극영화학과 / 방송구성작가과

❸ 구성작가

❹ 드라마작가

❺ 번역작가

❻ 라디오작가

❼ 영화 시나리오작가(영화 대본작가)

❽ 방송사 및 언론사 부설 아카데미

❾ 사설교육기관

❿ 통역가 / 번역가

⓫ 국어국문학과 / 독일어문학과 / 러시아문학과 / 스페인문학과 / 영미어문학과 / 일본어문학과 / 중국어문학과 / 프랑스어문학과

3. 광고/홍보가 잘 되어 많은 사람들이 이용하게 되면 여러 방송국의 뉴스에서 인천국제공항을 다루게 됩니다.(2번 항목 연속)

생각하기

- 방송국에서는 다양한 사람들이 협력하여 일을 합니다. 알찬 방송 프로그램으로 시청자에게 즐거움을 주기 위해서는 출연자 섭외가 중요하고, 사전에 출연자 인터뷰를 통해 방송 컨셉에 맞게 대본 작업을 하는 사람들도 있습니다.

  - 방송 담당자의 기획에 따라 프로그램의 대본을 쓰는 전문가를 뭐라고 할까요?

    - 이런 전문가가 되려면 어떤 전공이 유리할까요?

    - 방송작가에는 어떤 분야가 있을까요?

      - 예능작가 · 뉴스작가 · 다큐작가

    - 이런 전문가들은 TV 방송국 이외의 곳에서도 일을 합니다. 어떤 곳에서 일을 할까요?

- TV에서 기자가 외국인과 인터뷰를 하는 장면이 나오는데 외국어를 알아들을 수가 없습니다.
  - 다른 나라의 말/글을 우리 나라 말과 글로 바꿔주는 일을 하는 전문가를 뭐라고 할까요?

    - 이런 전문가가 되려면 무엇을 전공하는 것이 유리할까요?

보기

❶ 사서

❷ 문헌정보학과 / 문화·민속·미술사학과

❸ 국립도서관 / 대학도서관 / 국회도서관 / 시립도서관 / 기타

❹ 심리상담사

❺ 심리학과 / 사회복지학과 / 아동청소년노인복지학과 / 교육학과 / 유아교육학과

❻ 정부 및 공공기관의 상담실

❼ 시립·공립 청소년상담실 / 각 대학의 학생상담실 / 중·고등학교 상담실 /
심리검사연구소 / 병원 / 기타 사설상담소

- 방송국에서는 많은 자료가 필요하기 때문에 도서관을 운영합니다.

  - 도서관에서 자료를 관리하는 전문가를 뭐라고 할까요?

    - 이런 전문가가 되려면 어떤 전공을 하는 것이 유리할까요?

    - 사서는 방송국 외에 주로 어디에서 일을 할까요?

- TV 토크쇼에는 사람들의 정신적, 신체적 고통 해결에 도움을 주는 전문가들이 많이 출연합니다.

  - 특히 심리적인 문제를 해결해 주는 전문가를 뭐라고 부를까요?

    - 심리상담사(상담전문가)가 되려면 어떤 전공이 유리할까요?

    - 이런 전문가들은 주로 어디에서 일을 할까요?

      - 교도소 • 소년원

보기

1. 성직자
2. 종교학과
3. 신학과
4. 불교학과
5. 선교학과
6. 원불교학과
7. 문화재보존가
8. 문헌정보학과 / 문화민속미술사학과 / 역사고고학과 / 종교학과 / 철학윤리학과 / 임산공학과 / 자원학과
9. 정부 및 공공기관
10. 문화재청
11. 지역 문화원
12. 국가기록원
13. 국제기구연구소
14. 국립문화재연구소
15. 국립경주문화재연구소
16. 민족문제연구소
17. 박물관

4. 종교와 문화재

생각하기

- 사람들은 살다보면 마음이 지칠 때가 많습니다. 이럴 때 우리는 종교의 도움을 받기도 합니다.
  - 종교적으로 마음의 위안을 찾게 도와주는 사람은 어떤 분들인가요?

    - 이런 사람이 되려면 어떤 전공이 유리할까요?

      - 종교학과는 어떻게 분류할 수 있을까요?

- 인천국제공항을 통해 들어온 관광객들이 경복궁에 갔습니다. 그곳에는 문화재를 관리하는 전문가들이 있습니다.
  - 이렇게 문화재를 관리하는 일을 하는 전문가를 뭐라고 할까요?

  - 이런 전문가가 되려면 어떤 전공이 유리할까요?

  - 이런 전문가들은 주로 어디에서 일을 할까요?

    - 국립중앙박물관   - 국립민속박물관   - 시 · 도립 박물관   - 대학 박물관

보기

❶ 학예사(큐레이터)

❷ 문화민속미술사학과 / 역사고고학과 / 공예학과 / 동양화과 / 서양화과 /
　조형학과 /회화과

❸ 박물관

❹ 미술관

❺ 직업상담 및 취업알선원

❻ 심리학과 / 사회복지학과 / 교육학과 / 직업상담학과

❼ 대학교 취업지원센터

❽ 특성화고교 진로상담센터

❾ 직업훈련기관 취업알선팀

❿ 기타 취업관련 민간기관

⓫ 정부관련 기관

5. 용산에 있는 국립중앙박물관은 우리나라의 중요한 문화재를 한곳에 모아 놓고 전시를 하는 곳입니다.

생각하기

- 박물관에 소장할 물건을 정하고 어떻게 전시할 것인지 등을 결정하는 전문가를 뭐라고 할까요?

  - 이런 전문가가 되려면 어떤 전공이 유리할까요?

  - 이런 전문가들은 주로 어디에서 일을 할까요?

    - 민속박물관 · 자연사박물관 · 향토박물관

- 여러분이 학예사나 다른 일자리에 취업을 하려고 할 때 도움을 주는 전문가가 있습니다.

  - 이런 일을 하는 전문가를 뭐라고 할까요?

    - 이런 전문가가 되려면 어떤 전공이 유리할까요?

    - 이런 전문가들은 주로 어디에서 일을 할까요?

      - 고용노동부 고용센터
      - 시군구 지자체 일자리센터
      - 여성가족부 여성인력개발센터
      - 경기여성비전센터

보기

❶ 사회복지사

❷ 사회복지학과 / 아동 · 청소년 · 노인복지학과 / 청소년학과 / 사회사업학과 /

　가족복지과

❸ 기업체 사회공헌관련 부서

❹ 병원

❺ 정부 및 공공기관

❻ 한국장애인복지진흥회

❼ 종합사회복지관

❽ 노인복지관

❾ 사회복지시설연구소

❿ 지방자치단체

6. 기타 관련된 직업을 살펴보겠습니다.

생각하기

- 국민소득은 점차 높아져 가지만 아직도 가정 형편이 어려운 사람들이 많습니다.
  - 가정 형편이 어려운 사람을 돕는 일을 하는 전문가를 뭐라고 할까요?

  - 이런 전문가가 되려면 어떤 전공이 유리할까요?

  - 이런 전문가들은 주로 어디에서 일을 할까요?

    - 사회복지연구소
    - 사회봉사연구소
    - 사회정책연구소
    - 사회과학연구소

    - 사회복지직
    - 보호관찰직
    - 교정직
    - 소년보호직 공무원

사회계열에서 관심 있는 일, 직업, 전공, 직무, 회사를 적어 봅시다.

	일	직업	전공	직무	회사
1					
2					
3					
4					
5					
6					
7					
·					
·					
·					
·					

WorkChain

II. 사회계열

경영학과 / 경제학과 / 경찰행정학과 / 관광학과 / 광고
홍보학과 / 국제학과 / 금융보험학과 / 도시·지역학과 /
무역·유통학과 / 법학과 / 보건행정학과 / 비서과 / 사
회복지학과 / 사회학과 / 세무회계학과 / 아동·청소년·
노인복지학과 / 언론·방송·매체학과 / 정치외교학과 /
항공서비스과 / 행정학과

Ⅱ. 사회계열이란?

사회계열은 사회의 여러 현상을 과학적이고 체계적으로 연구하는 분야입니다. 따라서 인간생활의 다양한 측면과 관련된 기초학문 즉 사회학, 정치학, 경제학, 경영학, 법학, 행정학 등과 같은 학문을 교육하고 연구합니다. 개인이나 국가의 지속적인 발전을 위해 사회변화를 분석하고 대안을 제시할 수 있는 기본적인 소양을 기르는 것을 교육 목표로 합니다.

1. 어떤 분야로 구성되어 있을까요?

사회계열에는 경영·경제, 법률, 사회과학이 있습니다.

– 경영·경제

일반 기업에서 의사결정에 따르는 활동이나 조직체의 구조, 원리를 연구하는 경영학과 인간의 경제활동에 기초를 둔 다양한 현상을 연구하는 경제학을 바탕으로 하는 영역입니다. 경제활동에 영향을 미치는 관련 학문도 이 영역에 포함됩니다.

– 법률

법을 연구의 대상으로 하는 법학을 바탕으로 하는 영역입니다. 법학은 좁은 의미로는 법률학, 넓은 의미로는 법해석학(해석법학)을 말합니다. 여기에 법에 관한 제반 학문이 포함됩니다.

2. 무엇을 배울까요?

사회계열에서는 전공에 따라 배우는 내용이 다릅니다. 경영·경제에서는 마케팅, 인사관리, 재무관리, 경영정보, 생산관리, 투자론, 품질관리, 경제사, 미시·거시경제학, 계량경제학 등을 배웁니다. 법학에서는 헌법, 행정법, 민법, 형법, 상법, 민사소송법, 형사소송법, 노동법, 국제법 등 실정법과 법철학, 법사회학, 법사학, 비교법학 등을 배웁니다.

그리고 다양한 사회현상에 따른 사람들의 의견을 조사하고 과학적으로 분석하는 설문 조사기법, 통계분석방법 등의 조사방법론을 기본으로 배울 수 있습니다.

3. 졸업 후 진로는 어떨까요?

졸업 후 진로는 매우 다양합니다. 은행, 증권회사와 같은 금융기관이나 일반 기업체, 언론계로도 갈 수 있습니다. 법학과를 졸업하고 로스쿨 대학원에 입학하여 법조인이 될 수도 있지만, 일반 기업체나 연구소, 사회여론조사기관 등으로 진출할 수도 있습니다.

4. 전공이 원하는 개인의 능력은 무엇일까요?

인간과 사회를 연구하는 분야이기에 합리적인 사고방식과 논리적으로 표현할 수 있는 능력을 요구합니다. 합리적인 사고와 논리적인 표현력, 사회 변화를 파악하고 대응할 수 있는 분석 능력과 적응 능력을 갖추면 좋을 것입니다. 사회과학을 전공할 경우 사회 제반 현상에 관한 이해나 조사를 위해 수학이나 통계를 공부해야 합니다.

이 장에서는 사회계열에 진학했을 때 선택할 수 있는 전공을 위주로 다루었습니다. 단, 하는 일이 사회계열만이 아닌 다른 계열 전공과도 관계가 있을 경우에는 다른 전공을 같이 표시하였습니다.

보기

❶ 부동산중개인 또는 부동산전문회사

❷ 건축공학과 / 경영학과 / 경제학과 / 도시계획과 / 법학과 / 부동산학과 / 조경학과 / 토목공학과 전공, 부동산 전문대학원에 입학, 전공 관계없이 건설회사에 입사하여 관련 경험을 쌓는다 / 전공 관계없이 공인중개사 시험에 합격한다.

❸ 광고 / 홍보 전문가

❹ 경영학과 / 광고홍보학과 / 국어국문학과 / 국제학과 / 문예창작과 / 사회학과 / 심리학과 / 언론방송매체학과 / 정치외교학과 전공 / 전공과 관련없이 관련 경험을 쌓는다

❺ 부동산 전문회사 또는 자문회사에서 일하는 부동산 전문가

❻ 건축공학과 / 경영학과 / 경제학과 / 도시계획과 / 법학과 / 부동산학과 / 토목공학과 / 조경학과 전공 / 부동산 전문대학원에 입학, 전공 관계없이 건설회사에 입사하여 관련 경험을 쌓는다.

1. 공항을 건설하기 위해서는 땅을 매입해야 합니다.

생각하기

- 토지를 매입하려면 어떤 전문가에게 도움을 받아야 할까요?

  - 이런 전문가가 되려면 어떻게 해야 할까요?

- 토지 매입이 끝나면 토지 이용계획을 수립하고, 건축물 도면을 그리고, 분양을 실시해야 합니다.

- 분양을 잘하기 위해서는 광고나 홍보가 필요하고, 광고나 홍보를 잘하기 위해서는 기획을 해야 합니다.

  - 분양과 관련한 광고나 홍보 기획은 누가 할까요?

    - 광고 및 홍보전문가가 되려면 어떤 전공이 유리할까요?

  - 토지 이용계획 수립은 누가 할까요?

    - 이런 전문가가 되려면 어떤 전공이 유리할까요?

보기

❶ 경찰관

❷ 경찰행정학과 / 법학과 / 행정학과를 전공하고 경찰공무원 시험에 합격, 또는 전공
　에 관계없이 경찰공무원 시험에 합격한다.

❸ 경호원 / 경비원

❹ 법학 / 비서과 / 행정학과 / 경호학과 / 무용학과 / 체육학과 전공 / 전공과 상관없
　이 관련 경험을 쌓는다

❺ 검사

❻ 공학 / 법학 / 어학 / 철학 / 인문학 / 사회학을 전공하고 법학전문대학원을 졸업하고
　변호사 시험 합격

❼ 변호사

❽ 공학 / 법학 / 어학 / 철학 / 인문 / 사회학을 전공하고 법학전문대학원을 졸업하고
　변호사 시험 합격 / 로스쿨에 입학하여 2년간 공부 후 졸업한다

❾ 판사

❿ 공학 / 법학 / 어학 / 철학 / 인문 / 사회학을 전공하고 법학전문대학원을 졸업하고
　변호사 시험 합격 / 로스쿨에 입학하여 2년간 공부 후 졸업한다

2. 영종도에 국제공항이 건설되면 유동인구가 많아져 시민의 안전과 보호를 위해 경찰서가 필요해집니다.

생각하기

- 경찰서에서 시민의 안전과 관련하여 일하는 전문가를 뭐라고 할까요?

  - 이런 전문가가 되려면 어떤 전공이 유리할까요?

- 공항이 너무 커서 경찰관의 힘이 미치지 못하는 곳이 있습니다.
  - 사람이나 시설, 재산을 지키는 일을 하는 사람을 무엇이라고 부를까요?

    - 이런 전문가가 되려면 어떻게 해야 할까요?

- 나쁜 짓을 한 사람이 경찰서에 잡혀왔습니다. 이 사람의 수사는 경찰이 하지만 직접 벌을 줄 수는 없습니다. 범죄에 따른 수사는 경찰이 하지만, 경찰은 이를 지휘, 감독하는 사람의 지시를 따라야 합니다.
  - 범죄를 수사하고 경찰을 지휘, 감독하는 사람을 무엇이라고 할까요?

    - 이런 전문가가 되려면 어떻게 해야 할까요?

- 검사가 심문을 하는데 자신은 나쁜 짓을 하지 않았다고 주장합니다.
  - 이렇게 무죄를 주장하는 사람을 변호하는 사람을 무엇이라고 부를까요?

    - 이런 전문가가 되려면 어떻게 해야 할까요?

- 죄가 있는지 없는지 판결을 받기 위해 법원에 갔습니다.
  - 죄가 있는지 없는지, 형량은 얼마나 되는지를 결정하는 사람을 무엇이라고 할까요?

    - 이런 전문가가 되려면 어떻게 해야 할까요?

보기

❶ 변리사

❷ 경영학과 / 법학과 / 산업공학과 / 전기공학과 / 전자공학과 / 정보통신학과 / 물리과학과 / 생물학과 / 화학과를 전공하고 변리사 시험에 합격 / 전공과 상관없이 변리사 시험에 합격한다

❸ 보험계리사

❹ 경영학과 / 경제학과 / 금융보험학과 / 산업공학과 / 세무회계학과 / 수학과 / 통계학과를 전공하고 보험계리사 시험에 합격 / 전공과 상관없이 보험계리사 시험에 합격한다

❺ 통계연구원

❻ 수학과 / 통계학과 / 금융보험학과 전공

3. 어느 회사에서 공항 경찰이 범인을 잡는데 사용할 수 있는 새로운 장비를 개발하여 판매 하려고 합니다.

생각하기

- 경쟁 회사에서 이 장비를 흉내내어 만들지 못하도록 특허를 내려고 합니다.
  - 특허 출원을 도와주는 전문가를 무엇이라고 할까요?

      - 이런 전문가가 되려면 어떻게 해야 할까요?

- 호신용 장비를 사용하다 사고가 발생하면 가입되어 있는 보험금을 받을 수 있습니다.
  - 보험상품을 설계하는 사람을 무엇이라고 부를까요?

      - 이런 전문가가 되려면 어떻게 해야 할까요?

  - 보험상품을 설계하는 데 필요한 자료는 누가 만들어 주나요?

      - 이런 전문가가 되려면 어떻게 해야 할까요?

보기

❶ 아나운서

❷ 국어국문학과 / 문예창작과 / 미학과 / 사회학과 / 언론방송매체학과 / 역사학과 / 영어영문학과 / 중어중문학과 전공

❸ 기자

❹ 국제지역학과 / 국제학과 / 도시지역학과 / 법학과 / 사회학과 / 언론방송매체학과 / 언어학과 / 역사학과 / 정치외교학과 / 철학과 전공

❺ 항공승무원

❻ 관광학과 / 항공서비스학과 / 영어영문학과 / 일어일문학과 / 독어독문학과 / 불어불문학과 전공, 또는 전공에 관계없이 어학능력을 준비하여 항공회사에 승무원으로 입사 / 승무원 전문양성학원

❼ 음악치료사

❽ 심리학과 / 사회학과 / 간호학과 전공

4. 인천국제공항을 통해 많은 중국인 관광객이 입국하여 관광산업 매출에 큰 도움을 줄 것이라는 뉴스가 나왔습니다.

생각하기

- TV나 라디오에서 뉴스를 전달하는 일을 하는 전문가를 무엇이라고 할까요?

  - 이런 전문가가 되려면 어떻게 해야 할까요?

- TV나 라디오 뉴스를 위해 다양한 소식을 취재하는 전문가가 있어야 합니다.
  - 이런 전문가를 무엇이라고 할까요?

    - 이러한 전문가가 되려면 어떻게 해야 할까요?

- 여객용 비행기에는 고객들의 안전과 편의를 위해 서비스를 제공하는 사람들이 있습니다.
  - 이러한 일을 하는 전문가를 무엇이라 할까요?

    - 이런 전문가가 되려면 어떻게 해야 할까요?

- 관광객이 숙박하는 호텔에는 종사원들이 자신의 감정을 드러내지 않고 서비스를 해야 합니다. 이러한 감정노동을 지속하다 보면 우울한 상태나 식욕이 떨어지는 등의 증상이 나타나게 됩니다. 이렇게 감정노동에 의한 스트레스나 우울증을 치료하는 방법이 있습니다.
  - 그중 하나가 음악치료입니다.
  - 음악으로 치료하는 전문가를 무엇이라고 부를까요?

    - 이런 전문가가가 되려면 어떻게 해야 할까요?

보기

❶ 심리상담가

❷ 심리학과 / 사회복지학과 / 아동청소년노인복지학과 / 교육학과 / 유아교육학과 전공

❸ 공연기획자

❹ 광고홍보학과 / 언론방송매체학과 / 연극영화학과 전공

❺ 직업상담 및 취업알선원의 도움을 받는다

❻ 심리학과 / 사회복지학과 / 교육학과 전공 / 직업상담학을 전공하거나 직업상담사 자격증을 취득 또는 전공에 관계 없이 관련 분야 기업에 들어가 3년 이상 경험과 지식을 쌓아야 한다

- **심리상담으로 치료하는 방법도 있습니다.**
  - 이런 전문가를 무엇이라고 할까요?
    - 이런 전문가가 되려면 어떻게 해야 할까요?

- **호텔에서 공연을 준비하고 있습니다. 공연을 하려면 먼저 공연 기획을 해야 합니다.**
  - 공연기획은 어떤 사람이 할까요?
    - 이런 전문가가 되려면 어떻게 해야 할까요?

- **여러분이 호텔에 취업하려고 합니다.**
  - 어떤 전문가의 도움을 받을 수 있을까요?
    - 이런 전문가가 되려면 어떻게 해야 할까요?

보기

❶ 경영컨설턴트

❷ 경영대학원 입학, 경영학과 / 경제학과 / 광고홍보학과 / 국제지역학과 / 금융보험
학과 / 무역유통학과 / 산업공학과/ 세무회계학과 / 철학과 전공, 또는 전공에 관계
없이 경영지도사 자격증을 획득

❸ 노무사

❹ 노무사 자격증을 취득(경영학과 / 경제학과 / 법학과 등을 전공하면 유리)

❺ 법무사

❻ 법무사 자격증을 취득(법학과 / 행정학과 등을 전공하면 유리)

❼ 전문비서

❽ 경영학과 / 경제학과 / 금융보험학과 / 비서과 / 세무회계학과 / 행정학과 / 영어영
문학과 / 중어중문학과 / 일어일문학과 / 독어독문학과 / 불어불문학과 전공

❾ 인사담당자(HR전문가)

❿ 경영학 / 국제학과 / 사회학과 / 언론방송매체학과 / 정치외교학과 / 철학과·심리
학과·법학과·경제학과 / 교육학과 전공

5. 공항이 잘 운영되려면 경영을 도와주는 사람이 필요합니다.

생각하기

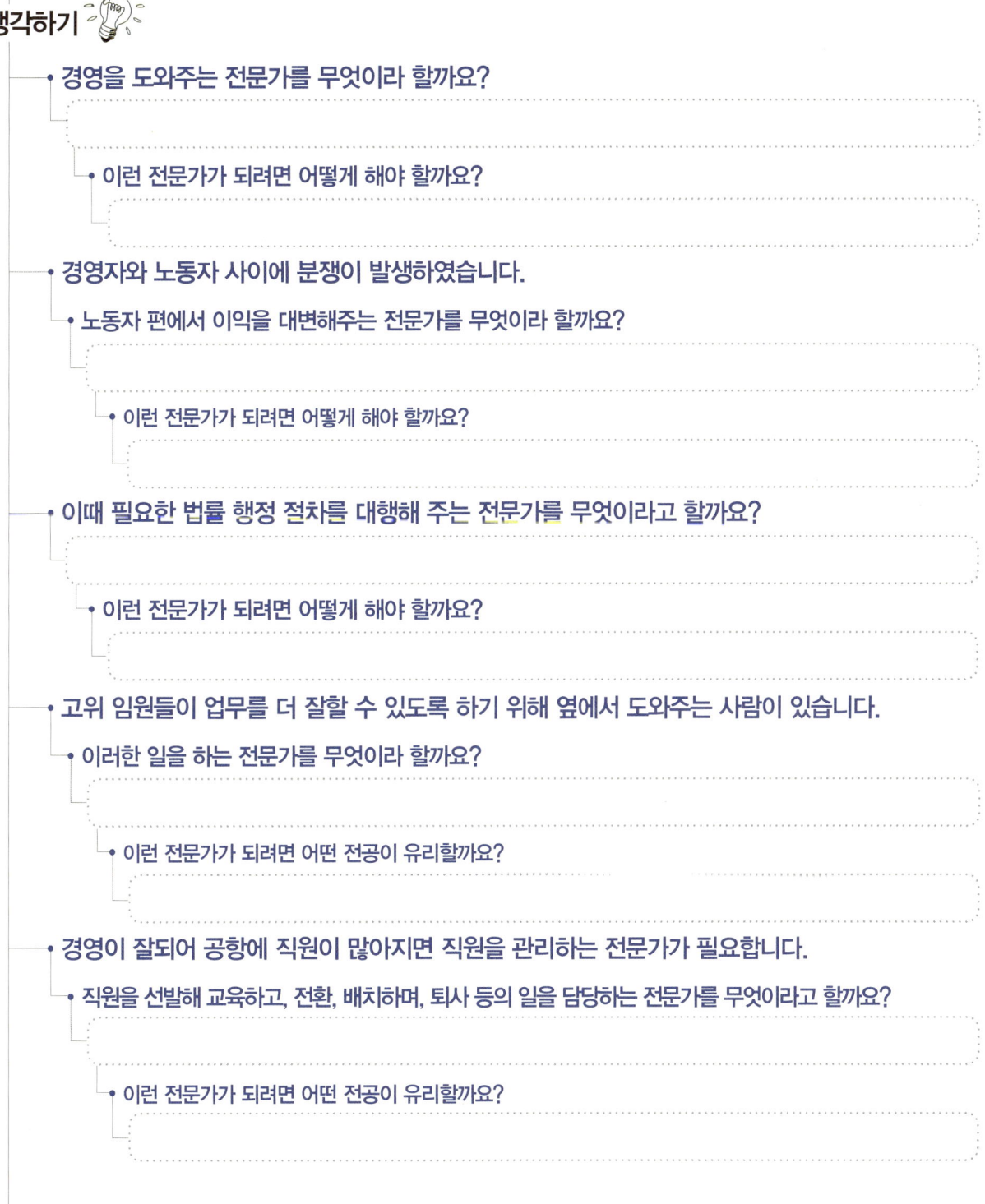

- 경영을 도와주는 전문가를 무엇이라 할까요?

  - 이런 전문가가 되려면 어떻게 해야 할까요?

- 경영자와 노동자 사이에 분쟁이 발생하였습니다.
  - 노동자 편에서 이익을 대변해주는 전문가를 무엇이라 할까요?

    - 이런 전문가가 되려면 어떻게 해야 할까요?

- 이때 필요한 법률 행정 절차를 대행해 주는 전문가를 무엇이라고 할까요?

  - 이런 전문가가 되려면 어떻게 해야 할까요?

- 고위 임원들이 업무를 더 잘할 수 있도록 하기 위해 옆에서 도와주는 사람이 있습니다.
  - 이러한 일을 하는 전문가를 무엇이라 할까요?

    - 이런 전문가가 되려면 어떤 전공이 유리할까요?

- 경영이 잘되어 공항에 직원이 많아지면 직원을 관리하는 전문가가 필요합니다.
  - 직원을 선발해 교육하고, 전환, 배치하며, 퇴사 등의 일을 담당하는 전문가를 무엇이라고 할까요?

    - 이런 전문가가 되려면 어떤 전공이 유리할까요?

| 41 |

보기

❶ 헤드헌터

❷ 경영학과 / 국제학과 / 사회학과 / 언론방송매체학과 / 정치외교학과 / 영어영문학과 / 전자공학과 / 컴퓨터공학과를 전공하고 관련 분야에서 경험과 지식을 쌓아야 한다. 전공에 관계 없이 관련 분야의 기업에 들어가 경험과 지식을 쌓아야 한다.

• 회사에서 원하는 고급 인재를 채용하기 어려울 때는 전문적으로 인재를 찾아주는 사람에게 비용을 지불하고 의뢰합니다.

• 이런 의뢰를 받는 전문가를 무엇이라고 할까요?

• 이런 전문가가 되려면 어떻게 해야 할까요?

보기

❶ 컨벤션 기획사 1급 또는 2급 자격증 취득 후 실무경험 필요

❷ 경영학과 / 경제학과 / 금융정보학과 / 산업공학과 / 세무회계학과 / 수학과 / 컴퓨터공학과 / 통계학과 전공

❸ 경영학과 / 경제학과 / 금융보험학과 / 무역유통학과 / 세무회계학과 전공하거나 물류관리사 자격증을 취득한다

❹ 외환딜러

❺ 경영학과 / 경제학과 / 금융보험학과 / 세무회계학과 / 통계학과 / 수학과 / 산업공학과 전공

❻ 공인회계사

❼ 경영학과 / 경제학과 / 금융보험학과 / 무역유통학과 / 세무회계학과 전공, 전공에 관계없이 공인회계사 자격증을 취득한다.

6. 공항 운영과 관련하여 여러가지 일들이 있습니다.

생각하기

- 국제회의를 하려면 국제회의 전문가인 컨벤션 기획자가 필요합니다.
  - 컨벤션 기획자가 되려면 어떻게 해야 할까요?

- 공항은 전자상거래 부서를 만들어서 새로운 수익을 창출하려고 합니다.
  - 전자상거래 전문가가 되려면 어떤 전공이 유리할까요?

- 전자상거래를 위해 물건을 구매하려면 통상전문가(물류관리전문가)가 필요합니다.
  - 이런 전문가가 되려면 어떻게 해야 할까요?

- 매출액을 달러로 받으면 원화로 바꿔야 하는데, 규모가 크면 작은 환율 차이로도 손익에 큰 영향을 받습니다.
  - 환율을 이용해 돈을 버는 전문가를 무엇이라고 부를까요?
    - 이런 전문가가 되려면 어떻게 해야 할까요?

- 기업은 회계업무를 도와주는 전문가의 도움이 필요합니다.
  - 이런 전문가를 무엇이라고 부를까요?
    - 이런 전문가가 되려면 어떻게 해야 할까요?

❶ 호텔지배인

❷ 관광경영 / 관광개발학과 / 호텔경영학과 전공

❸ 상품중개인(경매인)

❹ 경영학과 / 무역유통학과 전공

❺ 파티플래너

❻ 파티플래너 / 파티프로듀서 / 화훼장식기능사 등 관련 자격증을 취득하면 유리

❼ 세무사

❽ 경영학과 / 경제학과 / 금융보험학과 / 무역유통학과 / 법학과 / 세무회계학과 전공,
전공 관계 없이 세무사 시험에 합격한다.

❾ 카지노딜러

❿ 관광학과 / 카지노딜러과 전공 / 직업학교나 카지노딜러 양성 사설학원에서 교육
이수

7. 공항을 통해 들어온 관광객들은 주로 호텔에서 숙박하게 됩니다.

생각하기

- 호텔 관리를 책임지는 사람을 무엇이라고 부를까요?

  - 이런 전문가가 되려면 어떤 전공이 유리할까요?

- 호텔에서 운영하는 식당에 필요한 식재료를 구매하기 위해 농산물 시장에 왔습니다.
  - 산지에서 새벽에 올라온 농산물을 판매하기 위해 경매를 하고 있습니다.
    - 경매를 도와주는 전문가를 무엇이라고 부를까요?

      - 이런 전문가가 되려면 어떤 전공이 유리할까요?

- 손님이 커다란 규모로 호텔에서 파티를 한다고 합니다.
  - 파티가 성공할 수 있도록 도와주는 전문가를 무엇이라고 부를까요?

    - 이런 전문가가 되려면 어떻게 해야 하나요?

- 호텔은 세무서에 세금신고를 해야 합니다.
  - 세금 관련 업무를 도와주는 전문가를 무엇이라고 할까요?

    - 이런 전문가가 되려면 어떤 전공이 유리할까요?

- 호텔에는 카지노가 있습니다.
  - 카지노에서 카드를 나눠주고 게임을 진행하는 사람을 무엇이라고 부를까요?

    - 이런 전문가가 되려면 어떻게 해야 하나요?

보기

❶ 국회의원

❷ 경영학과 / 경제학과 / 법학과 / 사회학과 / 정치외교학과 / 역사학과 / 철학과 전공
  이 유리하지만, 반드시 선거에 출마하여 당선되어야 한다

❸ 광고 디자이너

❹ 광고홍보학과 / 산업디자인학과 / 시각디자인학과 전공

- 호텔에서 카지노를 운영하는 것은 법의 규제를 받습니다. 이렇게 법을 만드는 사람들을 무엇이라고 부를까요?

  - 이런 전문가가 되려면 어떤 전공이 유리할까요?

- 호텔을 광고하려면 광고 디자인이 필요합니다.
- 광고 디자인은 어떤 사람이 할까요?

  - 이런 전문가가 되려면 어떤 전공이 유리할까요?

❶ 투자분석가(애널리스트) / 펀드매니저(금융자산운용가)

❷ 경영학과 / 경제학과 / 금융보험학과 / 산업공학과 / 생물공학과 / 의상 · 의류학과 / 전자공학과 / 재무회계학과 / 통계학과 / 화학공학과 등 투자나 투자 대상 산업과 관련된 학과를 전공

❸ 경영학과 / 경제학과 / 금융정보학과 / 산업공학과 / 세무회계학과 / 수학과 / 통계학과 전공

❹ 외교관

❺ 국제학과 / 사회학과 / 정치외교학과 전공

❻ 행정부고위공무원

❼ 경영학과 / 법학과 / 행정학과를 전공하고 고위공무원시험에 합격한다.

❽ 전공에 관계없이 고위공무원시험에 합격한다.

❾ 쇼핑호스트

❿ 사회학과 / 언론방송매체학과 / 연극영화학과 / 국문학과 전공

⓫ 스포츠에이전트

⓬ 경영학과 / 경제학과 / 광고홍보학과 / 체육학과 / 법학과 / 사회체육학과 전공

8. 지금까지 살펴본 직업 외에 사회계열 전공자가 갈 수 있는 분야에 대해 좀 더 알아보겠습니다.

생각하기

- 증권회사는 고객의 돈을 불리기 위해 여러가지 투자 활동을 합니다.
  - 그러한 투자활동을 잘하기 위해 반드시 필요한 두 분야의 전문가가 있습니다.
    - 이러한 전문가를 무엇이라고 할까요?

      - 투자분석가가 되려면 어떤 전공이 유리할까요?

      - 펀드매니저가 되려면 어떤 전공이 유리할까요?

- 외국에서 자국 정부의 이익을 위해 일하는 공무원이 있습니다.
  - 이러한 전문가를 무엇이라고 할까요?

    - 이런 전문가가 되려면 어떤 전공이 유리할까요?

- 국민이 편하게 생활할 수 있도록 나라의 살림을 하는 사람을 행정부공무원이라고 합니다.
  - 행정부공무원 중에서 높은 자리에 올라간 사람을 무엇이라고 할까요?

    - 이런 전문가가 되려면 어떻게 해야 할까요?

- 케이블TV에서 물건을 파는 사람을 무엇이라고 부를까요?

  - 이런 전문가가 되려면 어떤 전공이 유리할까요?

- 프로 스포츠 선수들을 전문적으로 관리하는 사람을 무엇이라고 할까요?

  - 이런 전문가가 되려면 어떤 전공이 유리할까요?

보기

❶ 중국어문학과 / 철학윤리학과 / 경제학과 / 법학과 / 행정학과 / 국어국문학과 / 영미어문학과 / 역사고고학과를 전공하고 석사 · 박사 학위를 취득한다.

❷ 국제지역학과 / 심리학과 / 경제학과 / 사회학과 / 언론방송매체학과 / 정치외교학과 / 행정학과 / 교육학과 전공

• 인문사회계열의 교수를 하려면 어떻게 해야 할까요?

• 사회과학연구원의 연구원이 되려면 어떤 전공이 유리할까요?

교육계열에서 관심 있는 일, 직업, 전공, 직무, 회사를 적어 봅시다.

	일	직업	전공	직무	회사
1					
2					
3					
4					
5					
6					
7					
•					
•					
•					
•					

WorkChain

III. 교육계열

공학교육과 / 교육학과 / 사회교육과 / 언어교육과 / 예
체능교육과 / 유아교육학과 / 인문교육과 / 자연계교육과
/ 초등교육학과 / 특수교육학과

Ⅲ. 교육계열이란?

교육은 인간의 축적된 지식과 문화를 후세에게 전달하며, 인간의 무한한 가능성을 계발하여 새로운 지식과 문화를 창출하는 일입니다. 이는 국가와 민족의 미래와 운명을 결정하는 중요한 활동입니다.

교육계열은 교육 분야에 종사할 교사와 교육 지도자를 양성하고, 교육 일반과 교육원리의 교수 및 연구에 종사할 학자의 배출을 목표로 합니다.

1. 어떤 분야로 구성되어 있을까요?

교육계열은 교육일반, 유아교육, 특수교육, 초등교육, 중등교육으로 구성됩니다.

– 교육일반

교육활동과 관련된 여러 현상들을 연구하는 학문인 교육학에 바탕을 두고 있으며, 여기에는 교육철학, 교육사, 교육행정, 교육심리, 교육과정, 교육사회, 교육측정 및 평가, 교육정책, 평생교육, 교사교육, 교육연구 등이 포함됩니다.

– 유아교육

유아교육은 유아(幼兒)를 대상으로 하는 취학 전 교육으로, 어린이가 초등학교에 입학하기 전의 1~2년간 교육프로그램에 참여하는 활동을 말합니다. 최근에는 유아교육에 대한 관심의 확장으로 영아교육 및 영·유아교육을 통틀어 유아교육이라고 칭하는 경향이 있습니다.

– 특수교육

시청각장애·지체부자유·정신박약 등으로 일반 학교나 학급에서는 교육의 효과를 기대할 수 없는 학생을 위해 특수학교 학급을 마련하고, 장애의 특성에 맞는 교과과정에 따라 교육을 실시하는 특수교육학을 중심으로 하고 있습니다.

– 초등교육

교육제도의 체계상 가장 먼저인 초등교육 및 관련 현상을 연구대상으로 하는 초등교육학에 바탕을 둡니다. 학교교육은 체계상 초등교육·중등교육·고등교육으로 구분되며

각기 그 교육의 목적이 다릅니다. 초등교육은 민주국가의 국민으로서 누구나 받아야 할 기초교육이며, 성장과정에서 반드시 이수해야 하는 의무교육의 성격을 띠게 됩니다.

- 중등교육

초등교육과 고등교육의 중간단계로서 제2단계 교육이라고도 불리는데, 중학교와 고등학교가 여기에 해당합니다. 중등교육은 초등교육의 일반성, 보편성, 기초성 등의 특성과는 달리 진학을 위한 준비교육, 혹은 전문지식 · 기술의 습득 등을 목표로 하는 교육이라고 볼 수 있습니다.

2. 무엇을 배울까요?

교육계열에서는 교육일반의 이론과 교육활동의 원리를 내용으로 하는 교직이론 영역, 각 교과의 지식과 원리를 내용으로 하는 교과교육 영역, 그리고 각 교과의 내용과 구성에 관한 교과내용 영역 등의 내용을 배울 수 있습니다.

3. 졸업 후 진로는 어떨까요?

졸업 후 초 · 중등학교의 교사로 진출할 수 있고, 교육관련 기관이나 기업체, 각종 청소년상담실, 사회복지기관 등에 취업할 수 있습니다.

4. 전공에 필요한 개인의 능력은 무엇일까요?

교육 관련 종사자는 인간에 대한 이해와 관심, 애정이 필요하고, 교육 문제를 해결해 나갈 수 있는 진취적이고 적극적인 태도를 갖추고 있어야 합니다. 의사소통이 많이 필요한 직종이므로 생각을 정확하게 표현하는 언어능력이 요구됩니다. 그리고 학생의 입장을 이해하고, 인격체로 대하며, 독립된 인격체로 성장할 수 있도록 도와주고자 하는 마음가짐과 자세가 요구됩니다.

이 장에서는 교육계열에 진학했을 때 선택할 수 있는 전공들을 위주로 다루었습니다. 단, 하는 일이 교육계열이 아닌 다른 계열 전공들과도 관계가 있을 경우에는 다른 전공을 같이 표시하였습니다.

🔍 보기

❶ 유치원 교사

❷ 유아교육 관련학과 전공하고 유치원 2급 정교사 시험에 합격

❸ 유치원 교육과정이 개설된 대학원에서 석사학위 취득

❹ 국공립 유치원(유치원 교사 임용시험 합격) 또는 사립 유치원(공개 채용, 교수 추천)

❺ 어린이집 / 사회복지기관 / 유아교육관련 출판사 / 콘텐츠 · 교재 · 교구업체

❻ 초등학교 교사

❼ 전국의 10개 교육대학교 / 교원대학교 / 이화여대 초등교육과를 졸업하고 정교사 시험 합격

❽ 국공립 · 사립 초등학교

❾ 중등학교 교사

❿ 대학교의 사범계열 학과를 졸업하거나 비사범계열 학과에서 교직과목 이수 후 중등학교 2급 정교사 자격 취득

⓫ 비사범계열 졸업 후 교육대학원 진학하여 석사학위 취득

⓬ 국공립 중고등학교 / 사립 중고등학교

⓭ 중등학교 2급 정교사 자격 취득 후 교원임용시험에 합격

⓮ 채용사이트 / 신문공고 등을 보고 지원 후 합격

1. 교육계열

생각하기

- 유치원에서 어린이를 가르치는 사람을 무엇이라고 하나요?

    - 이런 사람이 되려면 어떻게 해야 하나요?

    - 이런 사람은 어디에서 일하나요?

- 초등학교에서 학생들을 가르치는 사람을 무엇이라고 하나요?

    - 이런 사람이 되려면 어떻게 해야 하나요?

    - 이런 사람은 어디에서 일하나요?

        - 국공립 초등학교는 2급 정교사 취득하고 임용고사 합격 후 가능

- 중고등학교에서 학생들을 가르치는 사람을 무엇이라고 하나요?

    - 이런 사람이 되려면 어떻게 해야 하나요?

    - 이런 사람은 어디에서 일하나요?

        - 국공립 중고등학교에서는 어떻게 해야 근무할 수 있나요?

        - 사립 중고등학교에서는 어떻게 해야 근무할 수 있나요?

❶ 특수학교교사

❷ 유아특수교육과 / 초등특수교육과 / 중등특수교육과로 구분

❸ 대학에서 특수교육 관련 전공 후 특수교사 2급정교사 취득

❹ 일반교사 자격증을 가진 사람이 교육대학원과 특수교육대학원에서 석사과정 이수

❺ 국공립 · 사립 특수학교 / 일반학교 특수학급 / 특수교육지원센터

❻ 보육교사

❼ 대학에서 보육 관련 교과목(17과목, 51학점)을 이수하거나 보육교사교육원에서 보육
   교사 자격증 취득

❽ 국공립보육시설 / 법인보육시설 / 직장보육시설

❾ 학원강사

❿ 반드시 필요한 교육이나 학력 조건은 없지만 가르치는 분야에 대한 전문지식이나
   기술 · 기능을 보유해야 하며 이를 잘 전달 할 수 있는 능력 필요

⓫ 사범대학 및 일반대학의 모든 학과 전공

⓬ 입시학원 / 영어학원 / 보습학원 / 미술학원 / 음악학원 / 요리학원 / 컴퓨터학원 등

2. 교육계열

생각하기

- 장애가 있어 특수 교육의 대상이 되는 학생들을 가르치고 돌보는 사람들을 무엇이라고 하나요?

  - 관련 전공은 어떻게 분류하나요?

  - 이런 사람이 되려면 어떻게 해야 하나요?

  - 이런 사람은 어디에서 일하나요?

- 보육시설에서 보호자의 위탁을 받은 만 5세 미만의 취학 전 아동을 보호, 양육, 교육하는 사람들을 무엇이라고 하나요?

  - 이런 사람이 되려면 어떻게 해야 하나요?

  - 이런 사람은 어디에서 일하나요?

- 학생들의 부족한 부분을 학교가 아닌 학원에서 지도하는 사람들을 무엇이라고 하나요?

  - 이런 사람이 되려면 어떻게 해야 하나요?

  - 이런 사람은 어디에서 일하나요?

보기

❶ 학습지 교사

❷ 전문대졸 이상의 학력이 필요하지만, 특별히 유리한 학과는 없으며, 학력 외에는 필요한 자격증도 없음

❸ 교원(빨간펜) / 대교(눈높이) / 웅진(씽크빅) 등

• **학습지를 받아보는 회원의 가정을 방문하여 분야별 학습내용을 지도하는 사람들을 무엇이라고 하나요?**

• **이런 사람이 되려면 어떻게 해야 하나요?**

• **이런 사람은 어디에서 일하나요?**

보기

❶ 교수

❷ 전공과목의 박사학위를 받아야 한다.

❸ 일부 전문대학의 문화 / 예술관련 분야의 경우 박사학위가 없어도 특별한 업적 혹은 실무경험을 갖춘 전문가도 가능함

❹ 국 · 공립 및 민간 전문대학 및 대학교 / 대학원

❺ 생명과학연구원

❻ 자연과학 및 의약 · 약학계열 등 관련학과 석사 이상 학력 필요

❼ 정부기관 / 정부출연연구소 / 기업부설연구소 / 의약품제조업체 / 식품제조업체 등

❽ 인문과학연구원

❾ 철학 / 역사학 / 언어학 / 교육학 / 심리학 등 관련 분야 석사 이상의 학위가 필요

❿ 대학부설연구소 / 정부출연기관 / 관련 민간연구기관 등

⓫ 사회과학연구원

⓬ 경제학 / 사회학 / 사회복지학 / 정치학 / 행정학 등 관련 분야 석사 이상의 학위가 필요

⓭ 정부출연연구소 / 기업부설 및 연구소 / 대학부설연구소 등

3. 교육계열

생각하기

- 대학, 교육대학, 전문대학, 방송대학 등의 고등교육기관에서 강의하고 연구하는 사람들을 무엇이라고 하나요?

  - 이런 사람이 되려면 어떻게 해야 하나요?

  - 이런 사람은 어디에서 일하나요?

- 생물학, 의약, 식품, 농업 등 생명과학 분야의 이론과 응용에 관한 연구를 하는 사람들을 무엇이라고 하나요?

  - 이런 사람이 되려면 어떻게 해야 하나요?

  - 이런 사람은 어디에서 일하나요?

- 철학, 역사학, 언어학, 교육학, 심리학 등 인문과학의 전문지식을 바탕으로 연구활동을 하는 사람들을 무엇이라고 하나요?

  - 이런 사람이 되려면 어떻게 해야 하나요?

  - 이런 사람은 어디에서 일하나요?

- 경제학, 사회학, 사회복지학, 정치학, 행정학등 사회과학분야의 전문지식을 활용하여 연구활동을 하는 사람들을 무엇이라고 하나요?

  - 이런 사람이 되려면 어떻게 해야 하나요?

  - 이런 사람은 어디에서 일하나요?

자연계열에서 관심 있는 일, 직업, 전공, 직무, 회사를 적어 봅시다.

	일	직업	전공	직무	회사
1					
2					
3					
4					
5					
6					
7					
·					
·					
·					
·					

WorkChain

IV. 자연계열

가정관리학과 / 농학과 / 대기과학과 / 물리.과학과 / 산림학과 / 생명과학과 / 생물학과 / 수산학과 / 수의학과 / 수학과 / 식품공학과 / 식품영양학과 / 식품조리과 / 원예학과 / 응용동물학과 / 의류.의상학과 / 임산공학과 / 자원학과 / 지구괴학과 / 지리학과 / 천문학과 / 축산학과 / 통계학과 / 화학과 / 환경학과

Ⅳ. 자연계열이란?

자연계열은 자연현상을 연구대상으로 하는 기초과학인 자연과학에 바탕을 둡니다. 우주와 물질의 기원에서부터 생명현상에 이르기까지 다양한 물질세계의 원리를 과학적인 방법으로 연구합니다. 그리고 국가 경쟁력의 원천이 되는 우수한 기초과학 연구 인력의 양성과 기초과학 발전의 중추적 기능 수행을 목표로 합니다.

1. 어떤 분야로 구성되어 있을까요?

자연계열은 농림 · 수산, 생물 · 화학 · 환경, 생활과학, 수학 · 물리 · 천문 · 지리로 구성됩니다.

– 농림 · 수산

농업활동에 관련된 농학, 산림 유지 및 임목 보육, 경제 활동에 관련된 임학, 수산자원의 이용과 개발에 필요한 수산학에 바탕을 둡니다.

– 생물 · 화학 · 환경

생물의 구조와 기능을 과학적으로 연구하는 생물학, 물질의 성질 · 조성 · 구조 및 변화를 연구대상으로 하는 화학, 자연과학의 기초이론을 토대로 환경문제를 연구하는 환경학으로 구성됩니다.

– 생활과학

가정생활에서 이루어지는 인간의 활동을 분석하고 연구하는 가정학을 중심으로 합니다. 영양학, 위생학을 비롯하여 에너지 · 시간 · 자재 · 금전 등의 관리에 필요한 경영학적 접근을 취하는 학문 분야를 포함합니다.

– 수학 · 물리 · 천문 · 지리

수(數), 양(量)에 관한 학문인 수학 및 통계학, 물질의 무기적인 운동 형태를 연구하는 물리학, 우주 및 우주 안의 여러 천체와 기후를 연구하는 천문학 및 기상학, 지구의 표면과 내부 전반에 관한 연구하는 지구과학 및 지리학이 포함됩니다.

2. 무엇을 배울까요?

학부제가 시행되면서 자연계열에서 자연과학의 전반적인 분야를 모두 공부할 수 있게 되었습니다. 전공을 결정하기 전에 물리, 화학, 생물, 수학 등의 기초 과목을 배우면서 각 전공에 필요한 공부를 하게 됩니다. 이론 과목에 실험 및 실습을 병행하면서 이론을 검증하고 새로운 현상을 발견할 수 있습니다.

3. 졸업 후 진로는 어떨까요?

자연계열의 대학교를 졸업한 이후 대학원에 진학하여 연구원이 되는 경우가 많습니다. 일반 기업체, 전공 관련 기업체, 정부 기관이나 연구소 등으로 진출할 수 있습니다. 전문대를 졸업한 경우에는 산업기사 자격을 취득하여 관련 분야 기업체에 취직을 하게 됩니다.

4. 전공에 필요한 개인의 능력은 무엇일까요?

지연과학을 공부할 때는 새로운 것을 발견하려는 호기심과 창의력이 필요합니다. 사소한 것에도 의문을 갖고 보이는 현상을 더 멀리 보려고 하는 자세가 필요하며, 특히 자연과학을 택하기 이전에 자신에게 어떠한 적성이 있는지, 어떤 분야에 관심이 있는지를 구체적이고 정확하게 파악하는 것이 도움이 될 것입니다.

이 장에서는 자연계열에 진학했을 때 선택할 수 있는 전공들을 위주로 다루었습니다. 단, 하는 일이 자연계열이 아닌 다른 계열 전공과도 관계가 있을 경우에는 다른 전공도 같이 표시하였습니다.

보기

❶ 기상캐스터

❷ 전공과 무관하고 아나운서직에 속함

❸ 일기예보관

❹ 지구과학과 / 천문기상학과 / 천문학과 / 대기과학과

❺ 천문연구소 / 기상연구소 / 해양연구소 / 항공우주연구소 / 국방과학연구소

❻ 신재생에너지연구원

❼ 신재생에너지학과 / 자원학과 / 환경학과 / 화학과 등이 유리

❽ 신재생에너지 연구기관 / 대학부속 연구소 / 한국에너지기술연구원 / 한국수자원공
　　사 / 한국석유공사 / 한국가스공사 / 한국에너지공단

1. 기상캐스터, 일기예보관, 에너지공학기술자 등에 대해 알아보겠습니다.

생각하기

- 비행기 출발이 태풍으로 인해 지연되고 있습니다.
  - 이런 기상 관련 내용을 알리는 일을 하는 사람을 무엇이라고 하나요?

    - 이런 전문가가 되려면 어떤 전공이 유리할까요?

  - 기상캐스터가 전달하는 날씨 정보를 만드는 전문가를 무엇이라고 하나요?

    - 이런 전문가가 되려면 어떤 전공이 유리할까요?

      - 이런 학과를 전공하면 주로 어디에서 일하나요?

- 새로 건설하는 인천공항 청사 건물에 태양열 패널을 설치할 예정입니다.
  - 이런 신재생에너지를 연구하는 전문가를 무엇이라고 하나요?

    - 이런 전문가가 되려면 어떤 전공이 유리할까요?

      - 이런 전문가는 주로 어디에서 일하나요?

보기

❶ 조경사

❷ 조경학과 / 원예학과 / 산림학과 / 임산공학과

❸ 대기업의 건축회사 조경부 / 종합 조경업체 / 단종 조경업체 / CAD하우스 / 국토개
　발원 / 환경청

❹ 플로리스트

❺ 원예과 / 원예학과

❻ 사설 학원이나 직업전문학교에서 플로리스트 훈련, 교육

❼ 호텔과 웨딩숍 / 백화점 플라워숍 / 일반 플라워숍

2. 공항 내·외부를 아름답게 꾸며주는 조경사와 플로리스트에 대해 알아보겠습니다.

생각하기

- 공항 주변의 자연경관을 보다 기능적이고 아름답게 만들어야 합니다.

  - 이런 일을 하는 전문가를 무엇이라고 하나요?

    - 이런 전문가가 되려면 어떤 전공이 유리할까요?

      - 이런 학과를 전공하면 주로 어디에서 일하나요?

- '한국방문의 해' 이벤트 행사가 진행 중입니다.

  - 이런 행사에 사용하는 꽃, 식물, 화초 등을 보기 좋게 꾸미는 일을 하는 사람을 무엇이라고 하나요?

    - 이런 전문가가 되려면 어떤 전공이 유리할까요?

    - 이런 학과를 전공하면 주로 어디에서 일하나요?

보기

❶ 빅데이터 전문가

❷ 수학과 / 통계학과

❸ 리서치업체 / 정보처리업체 / 기업체 전산통계실 / 국방과학연구소 / 금융결제원 /

　금융사 / 보험사 / 증권사 / 정보보안회사 / 항공사

❹ 애완동물관리사

❺ 수의학과

❻ 동물병원 / 동물훈련기관 / 야생동물보호단체 / 애견미용실

❼ 패션디자이너

❽ 의류학과 / 의상학과 / 패션디자인학과

❾ 의류제조업체 / 패션전문교육기관 / 백화점 / 유통업체 / 의류시험연구소 / 의류소

　재개발연구소

3. 데이터, 동물, 의상과 관련된 직업과 전공에 대해서 알아보겠습니다.

생각하기

- **항공사가 여행 루트를 개척하기 위해 빅데이터를 수집하였습니다.**
  - 빅데이터를 다루는 전문가를 무엇이라고 하나요?

    - 이런 전문가가 되려면 어떤 전공이 유리할까요?

      - 이런 전문가는 주로 어디에서 일하나요?

- **해외로 장기 여행을 가려면 반려동물을 맡기고 가야 합니다.**
  - 이럴 때 반려동물을 맡아서 관리하는 전문가를 무엇이라고 하나요?

    - 이런 전문가가 되려면 어떤 전공이 유리할까요?

      - 이런 전문가는 주로 어디에서 일하나요?

- **공항에서 패션쇼를 하고 있습니다.**
  - 패션쇼 의상을 만드는 사람들을 무엇이라고 하나요?

    - 이런 전문가가 되려면 어떤 전공이 유리할까요?

      - 이런 전문가는 주로 어디에서 일하나요?

보기

❶ 영양사

❷ 전문대학 및 4년제 대학교에서 식품학 / 영양학 전공 후 영양사 국가시험 합격

❸ 기업체 / 병원 / 학교 / 유치원 등 집단 급식소

❹ 품질관리소연구원 / 식약청연구원 / 유통부문 MD

❺ 아워홈 / 삼성웰스트리 / CJ푸트빌 등

❻ 식품공학과

❼ 식품의약품 안전청 / 식품 · 외식산업 / 식품안전정보원 / 유통 및 마케팅 업체

❽ 조리사

❾ 식품조리과 / 외식조리과 / 전통조리과 / 조리과학과 / 호텔조리과

❿ 외식업체 / 호텔 / 식품회사 / 제과제빵 양산업체 / 단체급식업체

4. 영양사, 조리사에 대해 알아보겠습니다.

생각하기

- 구내식당에서 급식 관리와 식품, 영양 서비스를 수행하는 전문가가 왔습니다.

  - 이런 일을 하는 전문가를 무엇이라고 하나요?

    - 이런 전문가가 되려면 어떤 전공이 유리할까요?

    - 이런 전문가는 주로 어디에서 일하나요?

  - 집단급식을 전문으로 하는 전문회사는?

  - 식품의 안전을 담당하는 일을 하려면 어떤 전공을 해야 할까요?

    - 이런 과를 전공하면 주로 어떤 곳에서 일하나요?

- 공항 인근 호텔에서는 자주 연회가 열립니다.

  - 연회에 참석하는 사람들을 위해 요리를 만드는 전문가를 무엇이라고 하나요?

    - 이런 전문가가 되려면 어떤 전공이 유리할까요?

      - 이런 전문가는 주로 어디에서 일하나요?

🔍 보기

❶ 화학자

❷ 화학과 / 고분자공학과 / 생화학과

❸ 석유화학업체 / 화장품 제조업체 / 제약회사 / 화학관련 국가연구소 / 반도체업체 /
식품업체 / 환경연구소

❹ 환경공학기술자

❺ 환경공학과 / 바이오환경공학과 / 지구환경과학과 / 토목학과

❻ 환경전문용역업체 / 폐기물처리회사 / 환경관련연구소

❼ 농림어업 검역관

❽ 농학과 / 농공학과 / 농생물과 / 산림ㆍ원예학과 / 수산자원개발학과 / 해양공학과

❾ 농촌진흥청 / 농업기술센터 / 국립수산과학원 / 산림조합 / 산림조합중앙회

5. 화학자, 환경공학기술자, 농림어업기술자에 대해 알아보겠습니다.

생각하기

- 얼굴을 아름답게 가꾸기 위해 화장품을 사려고 면세점에 갔습니다.
  - 화장품을 만드는 전문가를 무엇이라고 하나요?

    - 이런 전문가가 되려면 어떤 전공이 유리할까요?

      - 이런 전문가는 주로 어디에서 일하나요?

- 최근 들어 황사가 더욱 심해져 비행기 이착륙에 영향을 주고 있습니다.
  - 다양한 환경 문제에 대응하여 대책을 마련하고 연구하는 전문가를 무엇이라고 하나요?

    - 이런 전문가가 되려면 어떤 전공이 유리할까요?

      - 이런 전문가는 주로 어디에서 일하나요?

- 공항을 통해 들어오는 수입 농 · 림 · 수산물 검사를 하는 전문가들이 있습니다.
  - 이러한 전문가들을 무엇이라고 하나요?

    - 이런 전문가가 되려면 어떤 전공이 유리할까요?

      - 이런 전문가는 주로 어디에서 일하나요?

생각정리

공학계열에서 관심 있는 일, 직업, 전공, 직무, 회사를 적어 봅시다.

	일	직업	전공	직무	회사
1					
2					
3					
4					
5					
6					
7					
·					
·					
·					
·					

WorkChain

V. 공학계열

건설과 / 건축.설비공학과 / 건축학과 / 게임공학과 / 광학공학과 / 금속공학과 / 기계공학과 / 기전공학과 / 도시공학과 / 반도체공학과 / 산업공학과 / 섬유공학과 / 세라믹공학과 / 소방방재학과 / 신소재공학과 / 안경광학과 / 에너지공학과 / 자동차공학과 / 재료공학과 / 전기공학과 / 전산학과 / 전자공학과 / 정보.통신광학과 / 제어계측공학과 / 조경학과 / 지상교통공학과 / 컴퓨터공학과 / 컴퓨터 소프트웨어 공학과 / 토목공학과 / 항공교통학과 / 항공기계공학과 / 항공우주공학과 / 해양공학과 / 화장품화학과 / 화학공학과

V. 공학계열이란

공학계열은 자연계열과는 달리 일상생활과 산업에 활용되는 기술을 개발하는 인재 육성과 이공계에 필요한 고급인력 양성을 목표로 합니다. 공학계열은 자연과학을 기초로 해서 유용한 사물이나 환경을 구축하는 것을 목표로 하며, 실제로 무엇인가를 생산하는 실천 행동에 중점을 두고 있습니다.

1. 어떤 분야로 구성되어 있을까요?

공학계열은 건축, 토목·도시, 교통·운송, 기계·금속, 전기·전자, 정밀·에너지, 소재·재료, 컴퓨터·통신, 산업, 화공, 기타로 나뉩니다.

- 건축_ 건축물의 설계, 건축, 유지 등을 위한 이론과 기술을 연구하는 건축학과 건축에 관한 구조, 재료, 계획, 공법, 역학, 환경문제 등을 연구하는 건축공학으로 구성됩니다.

- 토목·도시_ 도로, 하천, 도시계획 등 토목에 관한 이론과 실제를 연구하는 토목공학과 도시문제의 해결, 도시계획의 작성 및 실시, 새로운 도시의 건설 등을 연구하는 도시공학으로 구성됩니다.

- 교통·운송_ 교통의 편리 도모와 물자의 효율적인 수송을 위해 공학적인 입장에서 접근하는 분야로, 도로공학, 철도공학, 항만공학, 공항공학 등과 도로철도공학으로 구성됩니다.

- 기계·금속_ 기계 및 관련 장치 설비의 설계, 제작, 성능, 이용, 운전 등에 관하여 기초적, 응용적 분야를 연구하는 기계공학 및 관련 학문과 금속을 연구대상으로 하는 금속학과 실용성을 고려한 금속공학으로 구성됩니다.

- 전기·전자_ 전기 및 자기에 관한 모든 현상을 탐구하는 전기공학과 진공 속이나 기체, 고체 내에서의 전자의 운동과 활용 기술에 관한 전자공학으로 구성됩니다.

- 정밀·에너지_ 정밀도가 높고 극히 작은 오차의 범위가 요구되는 현상 및 기기 등을 공학적으로 연구하는 정밀공학과 인간생활에 필요한 에너지를 획득하는 것에 공학적 접근을 하는 에너지 공학으로 구성됩니다.

- 소재·재료_ 철강, 비철금속, 종이, 섬유, 석유 등 여러 산업분야에서 사용되는 재료

와 금속, 무기, 유기 원료 및 이들을 조합한 원료를 새로운 제조기술로 제조하여 신소재를 개발하는 재료공학과 신소재 공학이 해당됩니다.

– 컴퓨터·통신_ 컴퓨터 하드웨어, 소프트웨어, 프로그래밍, 멀티미디어 자료 및 응용체제의 개발 및 연구와 관련된 컴퓨터 공학과 라디오, 전화 및 컴퓨터 네트워크 등과 같은 다양한 통신수단의 개발 및 연구를 하는 통신공학으로 구성됩니다.

– 산업_ 산업공학은 한정된 재화 즉 자본과 물자를 이용하여 최대의 이윤을 얻기 위해 발전된 분야로서, 경영시스템에 공학적 지식을 더해 시스템의 합리적 운영을 연구합니다.

– 화공_ 화학공학은 정유 및 석유화학공업, 정밀화학공업, 산업화학공업을 비롯하여 환경, 에너지 등의 분야를 포함합니다.

2. 무엇을 배울까요?

공학계열에서는 공학의 기초 이론과 각 분야별 이론과 관련된 지식을 배울 수 있습니다. 과학적 지식의 습득에 있어 실용성을 위해 실험과 실습을 병행하여 배우게 됩니다. 물리학, 화학, 수학 등의 기초과학을 바탕으로 하고 있으며, 배우는 내용은 전공별로 매우 다양합니다.

3. 졸업 후 진로는 어떨까요?

공학계열의 경우 대학교를 졸업하고 대학원에 진학하여 기업체나 전공 관련 연구소의 연구원으로 진출하는 경우가 많습니다. 실무 중심의 전문대학 공학계열 학과를 졸업한 후 '산업기사' 자격증을 취득하여 실제 현장으로 진출할 수 있습니다.

4. 전공에 필요한 개인의 능력은 무엇일까요?

각종 산업 현장에 필요한 기술 개발에 중점을 둔 응용과학 분야이기에, 과학적인 탐구 자세뿐만 아니라 실용성을 고려하는 안목이 필요합니다. 변화하는 시대에 맞는 새로운 기술개발을 위해서는 창의력과 분석 능력을 기르면 좋을 것입니다.

이 장에서는 공학계열대학에 진학했을 때 선택할 수 있는 전공들을 위주로 다루었습니다. 단, 하는 일이 공학계열만이 아닌 다른 계열 전공들과도 관계가 있을 경우에는 다른 전공도 같이 표시하였습니다.

보기

❶ 환경영향평가원

❷ 임산공학과 / 자원학과 / 환경학과 전공

❸ 환경공학기술자

❹ 화학공학과 / 환경공학과 전공

❺ 도시계획가

❻ 도시지역학과 / 건축설비공학과 / 도시공학과 / 지상교통공학과 / 토목공학과 / 임산공학과 / 자원학과 전공

❼ 측량사

❽ 도시공학과 / 토목공학과 / 지구과학과 / 지리학과 전공

❾ 가상현실 전문가

❿ 가상현실 프로그램

⓫ 전자공학과 / 정보통신학과 / 컴퓨터공학과 전공

도시계획 : 도시 생활에 필요한 교통 · 주택 · 위생 · 보안 · 행정 따위에 관하여 주민의 복리를 증진하고 공공의 안녕을 유지하도록 능률적 · 효과적으로 공간에 배치하는 계획.(네이버 국어사전)

측량 : 지표의 각 지점의 위치와 그 지점들 간의 거리를 구하고 지형의 높낮이, 면적 따위를 재는 일. 측량의 수단에 따라 평판 측량 · 사진 측량 · 삼각 측량 따위로 나누고, 측량의 목적에 따라 지형 측량 · 수로 측량 · 지질 측량 따위로 나누며, 지도 제작 · 경계선 구분 · 공사 따위에 쓴다.(네이버 국어사전)

환경영향평가 : 개발이 환경에 미치는 영향의 정도나 범위를 사전에 예측 · 평가하고 그 대처 방안을 마련하여 환경 오염을 사전에 예방하는 제도.(네이버 국어사전)

1. 건축이나 건설을 위해 필요한 전문가들에 대해 알아보겠습니다.

생각하기

- 공항을 건설하려면 공항이 주변 환경에 어떤 영향을 미치는지 미리 확인하는 작업을 해야 합니다.

  - 이런 일은 어디(누가)에서 할까요?

    - 이런 전문가가 되려면 어떻게 해야 할까요?

    - 이런 전문가가 되려면 어떻게 해야 할까요?

- 도시를 건설하려면 도시와 관련된 다양한 시설에 대해 계획을 세워야 합니다.

  - 이런 일은 누가 할까요?

    - 이런 전문가가 되려면 어떻게 해야 할까요?

- 건축을 위한 설계를 하려면 먼저 땅의 경계선을 명확히 해야 합니다.

  - 이런 일을 하는 전문가를 무엇이라고 할까요?

    - 이런 전문가가 되려면 어떻게 해야 할까요?

- 실제로 공항을 건설하기 전에 설계도를 통해 공항이 어떻게 운용될 것인지를 미리 보여주는 일은 누가 할까요?

  - 이런 전문가가 사용하는 도구를 무엇이라고 할까요?

  - 이런 전문가가 되려면 어떤 전공이 유리할까요?

보기

❶ 건축설계사 커티스 펜트레스(Curtis Fentress)

❷ 건축설비공학과 / 건축학과 / 토목공학과 전공

❸ 토목공학기술자

❹ 건설과 / 지상교통학과 / 토목공학과 전공

❺ 건축공학기술자

❻ 건설과 / 건축설비공학과 / 건축학과 / 지상교통공학과 / 토목공학과 전공

❼ 감리사

❽ 건축설비공학과 / 건축학과 / 토목공학과 전공

❾ 감리회사 서울텔엔지니어링(주) 등

감리 : 건축사가 설계도에 따라 공사가 진행되고 있는지 확인하는 행위.[네이버 지식백과]

정지(整地) : 토양조건을 개량, 정리하는 작업

2. 건축이나 건설을 위해 필요한 전문가들에 대해 알아보겠습니다.

생각하기

- 공항을 건설하려면 건축을 위한 설계도를 그려야만 합니다.

  - 인천국제공항을 설계한 사람은 누구일까요?

    - 건축설계사 또는 토목캐드원이 되려면 어떻게 해야 할까요?

- 건축물을 지으려면 땅을 평평하게 고르고 단단하게 해서 건축물이 단단히 고정되어 편하게 사용할 수 있도록 하는 작업이 필요합니다.

  - 이렇게 땅을 정지(整地)하는 일을 하는 전문가를 무엇이라고 부를까요?

    - 이런 전문가가 되려면 어떻게 해야 할까요?

- 공항 설계도가 완성되면 완성된 설계도에 따라 건물을 짓는 사람은 누구일까요?

  - 이런 전문가가 되려면 어떻게 해야 할까요?

- 건축물을 지을 때 설계도에 맞게 짓는지 감수하는 사람을 무엇이라고 할까요?

  - 이런 전문가가 되려면 어떻게 해야 할까요?

  - 이런 전문가는 어떤 회사에서 일할까요?

보기

❶ 용접원

❷ 건축설비공학과 / 금속공학과 / 기계공학과 전공

❸ 조경사

❹ 건설과 / 조경학과 / 산림학과 / 원예학과 / 임산공학과 전공

❺ 특허 출원

❻ 변리사

❼ 변리사 시험 합격

발명 : 특허권(特許權)을 얻을 수 있는 발명의 기본요건은 다음과 같다. ① 자연법칙(自然法則)을 이용한 것이어야 한다. ② 기술적 사상(思想)이 반영된 것이어야 한다. ③ 창작(創作)적인 것이어야 한다. ④ 고도성(高度性)이 인정되는 것이어야 한다. 그외에도 산업상의 이용가능성(利用可能性)과 신규성(新規性)을 그 요건으로 들 수 있다. 이러한 발명에는 ① 물건의 발명, ② 방법의 발명, ③ 물건을 생산하는 방법의 발명 등이 있다. [네이버 지식백과]

변리사 : 변리사는 산업재산권의 출원에서 등록까지의 모든 절차를 대리한다. 무효심판 · 취소심판 · 권리범위확인심판 · 정정심판 · 통상실시권허여심판 · 거절(취소) 결정불복심판 등 각종 산업재산권 분쟁사건을 대리하며 심판의 심결에 대해 특허법원 및 대법원에 소를 제기하는 경우 그 대리, 권리의 이전 · 명의변경 · 실시권 · 사용권 설정 대리 업무를 담당한다. 그 외에도 기업 등에 산업재산권에 대한 자문 또는 관리 업무도 담당한다. [네이버 지식백과]

3. 건축이나 건설을 위해 필요한 전문가들에 대해 알아보겠습니다.

생각하기

- 건축물을 짓기 위해서는 금속을 녹여 다른 금속과 이어 붙이는 작업이 필요합니다.
  - 이런 일은 누가 할까요?

    - 이런 전문가가 되려면 어떻게 해야 할까요?

- 건축물이 완성되면 건축물의 주변을 화단으로 예쁘게 꾸며야 합니다.
  - 이런 일은 누가 할까요?

    - 이런 전문가가 되려면 어떤 전공이 유리할까요?

- 발명을 하면 법적으로 보호를 받기 위해 어떤 조치가 필요합니까?

  - 이런 일을 도와주는 전문가를 뭐라고 합니까?

    - 이런 전문가가 되려면 어떻게 해야 할까요?

보기

❶ 항공공학기술자

❷ 항공우주공학과 전공 / 기계공학과 전공

❸ 항공기정비원

❹ 금속공학과 / 기계공학과 / 기전공학과 / 항공정비과 전공

❺ 항공기조종사

❻ 항공교통학과 / 항공기기계공학과 / 항공우주공학과 전공

❼ 소방관

❽ 소방방재학과 / 응급구조학과 전공

❾ 소방관 공무원 시험 합격

4. 비행기를 정상적으로 운항하기 위해서는 많은 전문가들이 필요합니다.

생각하기

- 공항을 운영하기 위해서는 많은 비행기들이 필요합니다.
  - 비행기는 누가 만들까요?

  - 이런 전문가가 되려면 어떤 전공이 유리할까요?

- 비행기를 안전하게 운항하려면 고장나지 않도록 점검하고 수리하는 사람이 필요합니다.
  - 이런 일은 누가 할까요?

  - 이런 전문가가 되려면 어떤 전공이 유리할까요?

- 비행기는 아직까지는 사람이 조종하는 경우가 대부분이기 때문에 비행기를 조종하는 사람이 필요합니다.
  - 이런 일을 하는 사람을 뭐라고 부를까요?

  - 이런 전문가가 되려면 어떤 전공이 유리할까요?

- 공항에 화재가 발생하면 불을 끌 사람이 필요합니다.
  - 이런 일을 하는 전문가를 무엇이라고 부를까요?

  - 이런 전문가가 되려면 어떻게 해야 할까요?

보기

❶ 통신공학기술자

❷ 광학공학과 / 반도체공학과 / 전자공학과 / 정보통신공학과 전공

❸ 에너지공학기술자

❹ 자원학과 / 환경학과 / 에너지공학과 / 화학공학과 / 신소재공학과 / 재료공학과 전공

❺ 자동차공학 기술자

❻ 자동차정비원

❼ 기계공학과 / 응용기계공학과 / 기계설계공학과 / 생산기계공학과 / 기계정보공학과 / 메카트로닉스과 전공

❽ 전자공학 기술자

❾ 자동차공학과 / 기계공학과 / 기전공학과 / 자동차정비과 / 카일렉트로닉스과 / 카메카트로닉스학과 전공

❿ 전자공학과 / 통신공학과 / 전자통신공학과 / 디지털디스플레이공학과 / 전자유도기술학과 / 전기공학과 전공

5. 공학과 관련 있는 다양한 전문가들에 대해 알아보겠습니다.

생각하기

- 비행기와 관제탑의 통신이 원활해야 사고 없는 운항이 가능합니다.
  - 통신장비 제작에 관여하는 전문가를 무엇이라고 부를까요?
    - 이런 전문가가 되려면 어떤 전공이 유리할까요?

- 비행기의 연료를 효율적으로 사용할 수 있도록 도와주는 사람이 있어야 합니다.
  - 이런 사람을 무엇이라고 부를까요?
    - 이런 전문가가 되려면 어떻게 해야 할까요?

- 사람들이 편리하게 이동하기 위해서는 자동차가 필요합니다. 자동차를 만드는 사람들을 무엇이라고 부를까요?

- 고장난 자동차를 고쳐주는 사람을 무엇이라고 부를까요?

- 기계는 매우 다양한 원리를 적용하여 만듭니다. 기계를 만드는 기계공학 전문가가 되려면 어떤 전공이 유리할까요?

- 비행기나 자동차와 같은 기계에는 전자장비가 설치되어 있습니다. 방송 및 통신시스템, 위성위치추적시스템(GPS)과 같은 전자장비를 설계하고 개발하는 사람을 무엇이라고 부를까요?

- 자동차 관련 전문가가 되기 위해서는 어떤 전공이 유리할까요?

- 전자공학 기술자와 같은 전문가가 되기 위해서는 어떤 전공이 유리할까요?

❶ 산업공학 기술자

❷ 산업공학과 / 전기전자공학과 / 기계공학과 / 산업시스템공학과 / 자동화공학과 /
테크노경영공학과 / 산업정보공학과 / 안전공학과 전공

❸ 산업안전 및 위험 관리자

❹ 기계 / 전기 / 토목 / 소방 등 관련학과를 전공하고 자격증을 취득

❺ 산업안전지도사(건설안전, 화공안전, 기계안전, 전기안전)

❻ 산업안전기사

❼ 산업보건지도사(작업환경의학, 산업위생공학)

❽ 위험물산업기사

❾ 소방안전교육사

산업공학 : 생산활동에서 인력 · 자재 · 설비 · 기술 · 자금 등의 종합적 시스템의 설계 · 개선 및 설정에
관한 문제를 다루는 기술 또는 개념의 체계.

6. 관련 전문가들에 대해 알아보겠습니다.

생각하기

- 각 산업 조직의 특성을 파악하고, 기업 경영에 대하여 사회과학의 전문 지식과 함께 수학적 능력, 컴퓨터 및 공학적 응용 지식으로 경영의 여러 요소를 분석하고 조정하는 전문가를 무엇이라고 부를까요?

  - 산업공학기술자가 되려면 어떤 전공이 유리할까요?

- 산업현장에서 발생하는 재해를 예방하고, 설비와 근로자의 작업환경을 점검하고 개선하는 일을 하는 전문가를 무엇이라고 부를까요?

  - 산업안전 전문가가 되기 위해서는 어떻게 해야 하나요?

  - 산업안전 전문에게 필요한 자격증에는 어떤 것들이 있을까요?

보기

❶ 전산학과 / 정보통신공학과 / 컴퓨터공학과 전공

❷ 전산학과 / 전자공학과 / 컴퓨터공학과 전공

❸ 전산학과 / 전자공학과 / 컴퓨터공학과 / 컴퓨터소프트웨어학과 전공

❹ 전산학과 / 정보통신학과 / 컴퓨터소프트웨어학과 전공

❺ 프로게임구단에 소속되어야 한다.

❻ KT 롤스터 / 삼성전자 칸 / SK텔레콤 T1 / CJ 엔투스

웹프로그래머 : 웹상에서 각종 자료들을 보여줄 수 있도록 웹 프로그래밍 언어를 이용하여 프로그램을 설계하고 작성하는 전문가. [한국직업사전]

웹프로듀서 : 웹프로듀서는 웹사이트 기획, 구축 및 운영, 마케팅 등을 총괄한다. 새로운 인터넷 사이트를 만들기 위한 기획안을 만들며, 웹사이트에서 제공할 내용, 디자인 등 전반적인 홈페이지 관리를 담당한다. 지속적으로 웹사이트의 자료를 갱신한다. 웹사이트 구축을 위해 웹엔지니어, 웹디자이너, 웹프로그래머 등과 업무를 협의한다. 사용자의 성향과 접속 현황 등을 분석하여 웹사이트의 내용을 수정, 보완하여 개편하며, 사용자의 불만사항을 처리한다. [네이버 지식백과] (한국직업능력개발원 커리어넷 직업정보)

7. 관련 전문가들에 대해 알아보겠습니다.

생각하기

- 인터넷을 통해 사업을 하려면 웹프로그램이 필요합니다. 웹프로그래머가 되려면 어떻게 해야 할까요?

- 웹프로그램을 만들고 운영하는 사람을 웹프로듀서라고 합니다. 이런 전문가가 되려면 어떻게 해야 할까요?

- 컴퓨터를 만드려면 전문 지식이 있어야 하고, 이런 전문가를 컴퓨터공학기술자라고 합니다. 컴퓨터공학기술자가 되려면 어떻게 해야 할까요?

- 컴퓨터는 하드웨어이므로 목적에 맞게 움직이도록 하기 위해서는 프로그램이 필요합니다. 이러한 일을 하는 전문가를 컴퓨터프로그래머라고 합니다. 컴퓨터프로그래머가 되려면 어떻게 해야 할까요?

- 게임시장이 발달하면서 게임으로 소득을 올리는 프로게이머라는 직업이 있습니다. 프로게이머가 되려면 어떻게 해야 할까요?

  - 어떤 구단들이 있는가?

보기

❶ 원자력발전소

❷ 원자력공학기술자

❸ 에너지공학과 / 물리과학과 / 원자력공학과 / 기계공학과 전공

❹ 경영학과 / 전자공학과 전공

❺ 전산학과 / 정보통신학과 / 컴퓨터공학과 전공

❻ 섬유공학과 / 신소재공학과 / 재료공학과 전공

❼ 화장품과학과 / 화학공학과 / 화학과 전공

❽ 건축설비공학과 / 건축학과 / 기계공학과 / 전기공학과 / 전산학과 / 전자공학과 / 컴퓨터공학과 / 토목공학과 / 대기과학과 / 물리과학과 / 생물학과 / 수학과 / 천문학과 / 통계학과 / 환경학과 전공

전자상거래 : 인터넷이나 앱을 이용해 상품을 사고 파는 행위. [네이버 지식백과]

섬유공학 : 섬유공학(纖維工學, textile engineering)은 섬유산업을 뒷받침하는 학문이라고 할 수 있다. 즉, 원료 섬유(纖維, fiber) 제조에서부터, 이를 이용하여 실(絲, yarn), 천(布, fabric) 등을 거쳐서 의류(衣類, clothing) 등의 섬유 완제품을 제조하는 전 과정에 대해서 연구하는 학문이다. [네이버 지식백과] 섬유공학 [Textile Engineering] (학문명백과 : 공학, 형설출판사)

화학공학 : 화학제품의 제조공정을 능률적 · 경제적으로 만들기 위한 화학 프로세스의 계획 및 제조장치의 설계 · 건설 · 운전 등에 관한 공학으로 화학공업 및 제철공업 뿐아니라 환경보전 등의 여러 분야에 그 원리와 방법이 활용되고 있다. [네이버 지식백과] 화학공학 [chemical engineering, 化學工學] (두산백과)

8. 관련 전문가들에 대해 알아보겠습니다.

생각하기

- 공항은 안정적으로 전기를 공급받을 수 있어야 합니다. 원자력 발전으로 전기를 공급하는 곳은 어디일까요?

  - 이런 발전소에서 일하려면 어떤 전문가가 되어야 할까요?

    - 이런 전문가가 되려면 어떻게 해야 할까요?

- 인터넷이나 앱을 통해 물건을 사고 파는 것을 전자상거래라고 합니다. 전자상거래 전문가가 되려면 어떻게 해야 할까요?

- 인터넷을 통해 비밀정보에 접근할 수 없도록 하는 전문가가 정보보호전문가입니다. 정보보호전문가가 되려면 어떻게 해야 할까요?

- 다양한 용도의 옷을 만드는 재료인 섬유를 전문적으로 만드는 사람들을 섬유공학기술자라고 합니다. 섬유공학기술자가 되려면 어떻게 해야 할까요?

- 우리의 생활에는 화학약품이 많이 사용되고 있습니다. 이런 화학약품을 만드는 화학공학기술자가 되려면 어떻게 해야 할까요?

- 이공학계열 교수를 하려면 어떻게 해야 할까요?

보기

❶ 대기과학과 / 수학과 / 지구과학과 / 지리학과 / 천문학과 / 화학과 전공

❷ 금속공학과 / 에너지공학과 / 재료공학과 / 전자공학과 / 화학공학과 전공

❸ 기계공학과 / 기전공학과 / 제어계측공학과 전공

❹ 전기공학과 / 전자공학과 / 정보통신공학과 / 연극영화학과 / 영상예술학과 전공

❺ 기관사

❻ 철도운전관련학과 전공

❼ 철도대학 입학

❽ 제2종 전기차량운전면허 취득

자연과학 : 자연과학 분야의 이론과 응용에 관한 연구를 수행한다. 자연과학의 고유한 분야로는 크게 물리학 · 화학 · 생물학 · 천문학 · 지학(지질학, 지구물리학, 지구화학, 지리학) 등이 있다. 수학과 통계학 연구원은 이 직종에 포함된다. 이들은 수학 또는 통계학 이론을 연구하고 과학, 공학, 사업 및 사회과학과 같은 분야의 문제 해결을 위해 수학이나 통계학적 기술을 개발하고 응용한다. [네이버 심리성장플러스]

대체 에너지 : 기존의 에너지를 대신할 새로운 에너지. 흔히 석유를 대신할 에너지인 석탄 액화, 원자력, 태양열, 조력, 파력, 풍력, 지열 등을 이른다.

로봇 : 스스로 보유한 능력에 의해 주어진 일을 자동으로 처리하거나 작동하는 기계. [네이버 지식백과]

9. 관련 전문가들에 대해 알아보겠습니다.

생각하기

- 자연과학연구원이 되려면 어떻게 해야 할까요?

- 대체에너지개발연구원이 되려면 어떻게 해야 할까요?

- 로봇연구원이 되려면 어떻게 해야 할까요?

- 영상녹화 및 편집기자가 되려면 어떻게 해야 할까요?

- 공항 직원들이 출퇴근을 하려면 철도나 지하철을 이용해야 합니다.

  - 고속철이나 지하철은 누가 운전을 하나요?

    - 이런 전문가가 되려면 어떻게 해야 할까요?
      - 철도 기관사

      - 지하철 기관사

생각정리

의약계열에서 관심 있는 일, 직업, 전공, 직무, 회사를 적어 봅시다.

	일	직업	전공	직무	회사
1					
2					
3					
4					
5					
6					
7					
·					
·					
·					
·					

WorkChain

VI. 의약계열

간호학과 / 물리치료학과 / 방사선학과 / 보건학과 / 약학과 / 응급구조학과 / 의료공학과 / 의료장비과 / 의무행정과 / 의학과 / 임상병리학과 / 작업치료학과 / 재활학과 / 치기공과 / 치위생학과 / 치의학과 / 한약학과 / 한의학과

VI. 의약계열이란

의약계열은 인간 신체의 구조와 기능을 연구하여 질병의 예방과 치료에 기여하는 의학, 의약품에 관한 기초 및 응용과학을 다루는 약학이 포함됩니다. 병의 예방, 진단과 치료를 위한 단계별 이론과 응용능력을 습득하여 국민 의료를 담당하며, 그러한 일을 하는 인재의 양성과 인류복지에 기여하는 것을 목표로 합니다.

1. 어떤 분야로 구성되어 있을까요?
의약계열은 의료, 간호, 약학, 치료·보건으로 구성됩니다.

- 의료
인체에 관한 연구를 바탕으로 질병의 예방 및 치료를 목표로 합니다. 서양의학인 의학, 동양의학인 한의학으로 구분하기도 하며, 분야별로는 치의학 등이 포함됩니다.

- 간호
질병의 예방과 건강 유지·증진·회복을 도우며, 이를 위한 전문적인 지식 및 기술을 연구하는 간호학이 중심입니다. 성인간호학, 모자간호학, 정신간호학, 보건간호학, 간호행정 및 간호사회학 등이 포함됩니다.

- 약학
사람 또는 동물의 질병 예방과 치료에 사용하는 의약품에 관한 기초, 응용 과학을 다루는 학문입니다. 신의약품 개발을 위한 질병 및 생명 현상의 기본적인 원리와 의약품의 제조와 생산관리의 내용이 포함됩니다.

- 보건·행정
인간 집단의 건강 문제를 다루는 학문인 보건학과 관련 학문을 바탕으로 합니다. 환경위생, 개인위생교육, 질병의 조기진단 및 예방, 심신장애인의 사회적응을 도와주는 활동을 포함하는 재활학과 의료공학 등이 포함됩니다.

2. 무엇을 배울까요?

의사는 의예과와 의학과를 거치는 6년제 과정과 일반대학 졸업 후 의학전문대학원을 다니는 8년 과정이 있습니다. 치과의사는 치과대학(6년제) 혹은 일반대학 졸업 후 치의학전문대학원을 다니는 8년 과정이 있으며, 한의사는 한의예과와 한의학과를 다니는 6년 과정이 있습니다. 약사는 일반대학을 2년 다닌 후 약학전문대학원에 편입하는 6년제 과정이 있습니다. 그 외 간호사, 임상병리사, 방사선사 등 많은 직종들은 대학교 혹은 전문대학교에 개설된 학과를 통해 될 수가 있습니다. 학교에 다니는 동안에 이론적인 교육과 실제 병원에서 시행하는 실습을 통해 전문적인 지식을 배우게 됩니다.

3. 졸업 후 진로는 어떨까요?

졸업한 이후 관련 전공의 국가시험을 거쳐 면허를 취득해야 해당 분야로 진출할 수 있습니다. 이들은 의사, 치과의사, 한의사, 약사, 간호사, 물리치료사 등의 직업들을 갖게 되는데, 모두 면허가 있어야 합니다. 또한 병원에서 뿐만이 아니라 연구소 연구원, 언론사 전문기자, 보건행정 공무원 등 다양한 진로를 선택할 수도 있습니다.

4. 전공에 필요한 개인의 능력은 무엇일까요?

의약계열에서는 사람을 직접 다루는 일을 하게 되기에 생명에 대한 존엄성을 가지며, 위급상황에서도 냉정함을 잃지 않는 침착한 성격이 요구됩니다. 또한 몸과 마음이 불편한 사람을 대하는 일을 하게 되기에 다른 사람을 잘 배려하고 따뜻하게 할 수 있는 성품을 가진다면 더욱 좋을 것입니다.

이 장에서는 의약계열에 진학했을 때 선택할 수 있는 전공을 위주로 다루었습니다. 단, 하는 일이 의약계열만이 아닌 다른 계열 전공들과도 관계가 있을 경우에는 다른 전공도 같이 표시하였습니다.

〈기성이와 의약계열〉

모처럼의 가족여행으로 기성이는 들떠있었다. 게다가 이번에는 인천공항을 통하여 가는 여행이라 더욱 기분이 새로웠다. 부푼 마음으로 공항행 버스를 타고 인천공항으로 가는 도중 갑자기 버스가 서고 길이 막히기 시작했다. 아직 비행기 탑승 시간은 여유가 있었지만 어떻게 된 일인지 궁금했다. 궁금증도 잠깐, 엠블란스 소리가 요란하게 울렸다. 공항 가는 길에서 큰 교통사고가 발생했던 것이다.

엠뷸런스에서 내린 응급구조대원(응급구조사)들은 신속하게 응급조치를 하고 부상자들을 태우고 황급하게 현장을 떠났다. 기성이는 부상자들이 걱정도 되면서 병원에 가서 어떻게 치료를 받는지 궁금했다.

공항에서 긴급 후송이 된 부상자들은 멀지 않은 병원의 응급실로 옮겨졌다. 토요일 오후라 조금 한가했던 응급실은 갑자기 들어온 환자들로 북새통을 이루었다. 응급실 의사와 간호사, 간호조무사들은 신속하게 환자를 침상으로 옮기고, 후속 조치를 시작하였다. 일부는 X레이를 찍으러 방사선실(방사선사)로, 일부는 환자의 상태파악을 위한 피검사(임상병리사) 등을 하고 있었다. 상태가 심각한 환자를 돌보기 위해 호출된 각 파트의 전문의들도 응급실에 모였다.

골절 환자, 머리를 다친 환자, 얼굴 부위가 심하게 손상된 환자 등이 의사의 손길을 기다리고 있었다. 그중에서도 A환자는 상태가 심각하여 바로 수술에 들어갔다. 신경외과, 정형외과, 흉부외과, 마취과 의사들이 도착하고 간호사들도 함께 수술 준비를 하였다. 이번 수술에는 다빈치로봇도 동원되었다. 장시간에 걸친 수술은 성공적으로 끝났지만 아직 안심할 단계가 아니라서 환자는 병실로 바로 가지 못하고 중환자실에서 치료를 받았다.

한편 병원 행정실에서는 환자의 신원을 파악하여 보호자에게 연락하여 입원 절차를 진행하였다. 의무기록사인 B씨는 의사와 간호사가 기록한 각종 자료를 입력하고 입원 중에도 환자 편의를 위해 중요한 역할을 하고 있다. 간호사실에서 대기 중이던 A환자는 병실로 옮겨졌다. 조금 상태가 호전되었지만 아직 안심할 단계가 아니었다. 담당간호사인 C씨는 이른 아침부터 환자의 상태를 체크하고 병원 약국(약사)에서 조제된 약을 먹였다. 아침식사는 영양사에게 미리 연락해서 미음을 준비하도록 하였다.

상태가 심각했던 A환자도 조금씩 차도를 보였다. 그러나 신체 여러 부위가 손상되어 오늘도 여러 과와 협진하여 치료를 받아야 했다. 치과에서 부러진 치아를 새 치아로 바꾸는 작업이 진행되었다. 병원에서 치과 병원도 함께 운영하기 때문에 환자로서는 편리하였다. 지난 번에 본을 떠서 치기공소에서 치기공사가 작업을 하여 미리 병원에 갖다 놓았다. 마음씨 좋아보이는 치과의사 선생님과 치위생사가 아프지 않게 작업을 마무리하였다.

병세가 나날이 좋아져 이제는 물리치료를 받을 수 있게 되었다. 물리치료사인 D군은 오늘도 최선을 다해서 환자가 빨리 회복되기를 기원하였다. 한편 D군의 대학 동기인 언어재활사 E양은 내일 환자 치료를 위한 준비를 하고 있다. 환자는 사고 당시 얼굴과 목을 다쳐 일시적으로 언어 장애가 왔지만 지금은 많이 좋아진 상태이다.
A씨는 조만간에 퇴원하게 되더라도 당분간은 병원에 와서 물리치료를 받아야 하고 부러진 안경도 새로 장만하려고 한다. 어느 정도 좋아지면 친구 아들이 운영하는 한의원에 가서 침술을 시술 받을 생각이다. A씨는 사고로 인해 아직도 고통을 받고 있지만 후유증을 이겨내려고 열심히 노력하고 있다.

기성이는 해외여행에서 돌아와 병원에 대해 더 알아보아야겠다고 생각했다. 병원에서는 어떤 사람들이 어떤 일을 하는지, 어떤 공부를 해야 하는지, 아빠 친구인 의사 아저씨에게 물어 볼 질문들이 꼬리에 꼬리를 물고 머릿속을 맴돌았다.

보기

❶ 의사

❷ 의과대학에서 의예(학)과를 전공하거나 의학전문대학원에서 의학과를 전공하고 의사 국가자격 시험에 합격한다.

❸ 임상의사

❹ 직접 환자를 대면하고 치료하고 처치한다. 일반적으로 의사라고 부른다.

❺ 인턴 1년 → 레지던트 4년 → 전문의 시험을 거쳐야 한다.

❻ 가정의학과 / 결핵과 / 내과 / 마취통증의학과 / 방사선종양학과 / 병리과 / 비뇨기과 / 산부인과 / 직업환경의학과 / 성형외과 / 소아청소년과 / 신경과 / 신경외과 / 안과 / 영상의학과 / 외과 / 응급의학과 / 이비인후과 / 재활의학과 / 정신건강의학과 / 정형외과 / 진단검사의학과 / 피부과 / 핵의학과 / 흉부외과 / 예방의학과

❼ 기초의학자(해부학, 생리학, 생화학, 약리학, 미생물학, 병리학, 예방의학)

❽ 의대생중 1% 정도가 선택하며, 대개의 경우 직접적으로 환자를 대면하지 않고 실험을 주로 한다. 주로 의과대학의 교수나 연구소의 연구원으로써 새로운 지식을 만드는 연구를 수행한다. 과학자에 가깝다.

❾ 석사 과정을 통해 실험적인 방법론을 익히고, 자신이 하고자 하는 분야에 대한 지식을 쌓아 나가고, 박사 과정 동안에는 자신이 알고 있는 지식과 실험적 방법론을 이용하여 새로운 가설을 증명하고자 한다.

❿ 미생물학 / 법의학 / 병리학 / 약리학

⓫ 보건행정가

⓬ 병원경영의 합리화와 효율적인 보건의료 전달체계의 확립 및 관리를 위한 보건의료 정책과 보건의료부문의 문제점 해결에 기여한다.

⓭ 보건직공무원 시험에 합격한다.

⓮ 보건복지부 / 식품의약품안전처 / 지역사회 보건소 / 질병관리본부

1-1. 종합병원에서 환자를 치료하는 일과 직업에 대해 알아보겠습니다.

생각하기

- 종합병원에서 환자를 치료하는 사람들은 주로 어떤 전문가들일까요?

- 이런 전문가가 되려면 어떻게 해야 할까요?

- 의사 국가고시에 합격하면 어떤 전문가가 될 수 있을까요?

- 어떤 일을 할까요?

- 어떻게 하면 될 수 있을까요?

- 어떤 전문 분야에서 일할 수 있을까요?

- 환자와 접촉하지 않고 의학의 기초지식을 연구하는 사람들을 무엇이라 부를까요?

- 기초의학자는 어떤 일을 하나요?

- 기초의학자는 어떻게 하면 될 수 있을까요?

- 기초의학자는 어떤 분야를 연구할까요?

- 보건행정가는 어떤 일을 할까요?

- 보건행정가는 어떻게 해야 될 수 있을까요?

- 보건행정가는 어떤 분야에서 일하나요?

보기

❶ 간호사

❷ 대학 · 전문대학(4년제) 간호학과를 전공하고 간호사 국가자격 시험에 합격한다.

❸ 간호(학)과 교수 / 간호장교 / 노인요양시설장 / 방문간호사 / 병원간호사 / 보건간호사 / 보건교사 / 보건복지시설 / 간호사 / 보육시설장 / 보험계약 심사 담당자 / 사회복귀시설장 / 산업간호사 / 연구원 / 재가 장기요양 시설장 / 전문계고교사 / 조산사

❹ 가정간호센터 / 건강검진센터 / 대학병원 / 병 · 의원 / 보건소 · 보건지소 / 요양원 / 장기이식센터 / 전문병원 / 종합병원 / 초 · 중 · 고 / 한방병원 / 항공사

❺ 고졸 이상자로 간호학원 등 간호조무사 양성기관에서 교육을 받거나 간호관련 특성화고등학교 졸업 후 간호조무사 시험에 합격한다.

❻ 의사 및 간호사의 진료 보조 및 간호 보조 업무, 기타 행정업무를 담당한다.

❼ 병원 / 의원 / 한방병원 / 치과의원 / 보건소 / 산후조리원

1-2. 종합병원에서 환자를 치료하는 일과 직업에 대해 알아보겠습니다.

생각하기

- 종합병원이나 일반 병원에서 환자를 돌보는 전문가는 누구일까요?

  - 간호사가 되려면 어떻게 해야 할까요?

    - 면허를 취득하면 어떤 전문가가 될 수 있을까요?

    - 주로 어디에서 일을 할까요?

- 간호조무사가 되려면 어떻게 해야 할까요?

  - 어떤 일을 할까요?

  - 관련 면허를 취득하면 어디에서 일을 할까요?

보기

❶ 응급구조사

❷ 환자를 안전하게 조치하고 재빨리 병원 응급실로 이송한다.

❸ 응급구조학을 전공하고 응급구조사 국가자격 시험에 합격한다.

❹ 응급의료정보센터 / 항공구조대 / 소방방재청 / 종합 및 대학병원 / 스포츠시설업체

❺ 소방직 공무원 / 보건직 공무원

❻ 서울시소방학교 / 중앙소방학교 / 경기도소방학교 등에서 교육을 받고 응급구조사 국가자격 시험에 합격한다.

❼ 방사선사

❽ 방사선학과 전공하고 방사선사 국가자격 시험에 합격한다.

❾ 종합병원 / 의료기 회사 / 원자력 관련회사 / 보건직 및 의료기술직 공무원

❿ 임상병리사

⓫ 임상병리 관련 학과를 전공하고 임상병리사 국가자격 시험에 합격한다.

⓬ 대학 / 보건기관 / 연구소 / 의료기관 / 임상병리 시약 업체 / 임상병리 기기 업체 / 국립검역소 / 과학수사연구원 / 출입국관리소

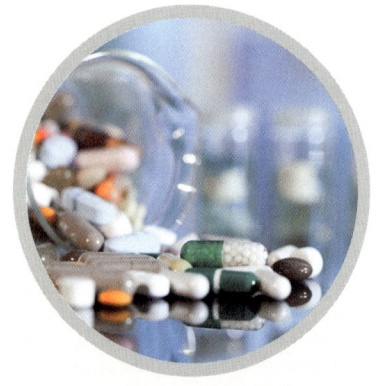
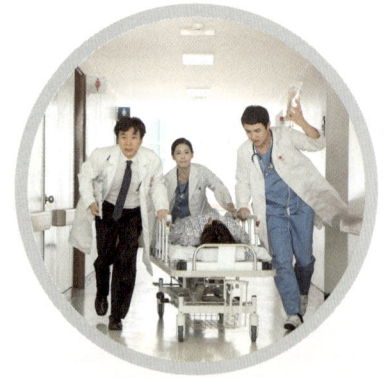

2. 인천대교 위에서 교통사고가 났었습니다. 응급 구조를 위한 일과 직업에 대해 알아보겠습니다.

생각하기

- 환자에게 응급처치를 하고 병원으로 이송하는 전문가는 누구일까요?

  - 어떤 일을 할까요?

  - 어떻게 하면 될 수 있을까요?

    - 어디에서 일할까요?

    - 어떤 직업을 가질 수 있을까요?

  - 응급구조학을 전공하지 못해도 될 수 있는 방법이 있을까요?

- 교통사고를 당한 환자가 얼마나 부상을 당했는지 알아보려면 많은 검사가 필요합니다.
  그중 골절상태를 알아보기 위해서는 X-RAY를 찍어야 합니다.
  X-RAY를 찍는 전문가를 뭐라고 할까요?

  - 이런 전문가가 되려면 어떻게 해야 할까요?

    - 이런 사람들은 어디에서 일을 할까요?

- 피 검사도 해야겠지요.

  - 피를 검사하는 사람을 무엇이라고 부를까요?

    - 임상병리사가 되려면 어떻게 해야 할까요?

    - 임상병리사 면허를 취득하면 어디에서 일을 할까요?

보기

❶ 약사

❷ 6년제 약학대학에서 약학과를 전공하고 약사 국가자격 시험에 합격한다.

❸ 개국약사 및 관리약사 / 공직(공무원) 약사 / 병원약사 / 의약도매상 / 제약회사 근무약사 / 학문분야단체

• 수술을 마친 환자는 빨리 회복하기 위해 필요한 약을 먹어야 합니다.

약을 먹을 수 있도록 제조하는 전문가는 누구일까요?

• 어떻게 하면 될 수 있을까요?

• 면허 취득 후 어디에서 일을 할까요?

보기

❶ 의지 · 보조 기사

❷ 의료보장구과를 전공하거나 재활공학과를 전공하고 의지 · 보조기사 국가자격 시험에
합격한다.

❸ 국립재활원 / 병원내 의지 · 보조기 시설부서 / 의지 · 보조기 업체 / 한국장애인
고용공단

❹ 작업치료사

❺ 작업치료학과를 전공하거나 재활학과를 전공하고 작업치료사 국가자격 시험에
합격한다.

❻ 의료기관 / 의수족 보조기 제조 회사 / 재활치료센터 / 스포츠센터 / 발달아동센터

❼ 물리치료사

❽ 물리치료학과를 전공하거나 작업치료학과, 재활학과를 전공하고 물리치료사 국가
자격 시험에 합격한다.

❾ 종합병원 물리치료실 / 스포츠팀 트레이너 또는 팀 닥터 / 특수학교 생활지도원 /
노인복지시설 / 장애인복지시설

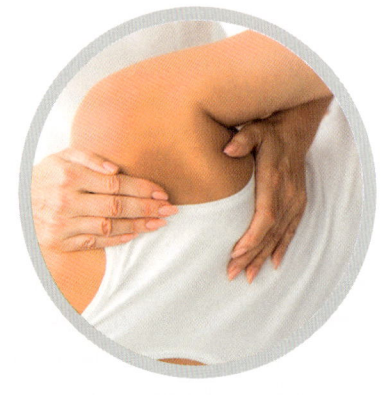

3. 재활과 관련한 일과 직업에 대해 알아보겠습니다.

생각하기

- 다리를 심하게 다쳐 절단하게 되면 보조장구에 의지해 생활하게 됩니다. 보조장구를 만들어주는 전문가를 뭐라고 부를까요?

  - 어떻게 하면 될 수 있을까요?

    - 의지 · 보조기사 면허를 취득하면 어디에서 일을 할까요?

- 보조장구를 제대로 사용하게 도와주는 전문가가 필요합니다. 보조장구를 제대로 사용하게 도와주는 전문가를 뭐라고 할까요?

  - 어떻게 해야 될 수 있을까요?

    - 작업치료사 면허를 획득하면 어디에서 일을 할까요?

- 수술 후 병상에 오래 있게 되면 움직이는 데 전문가의 도움이 필요합니다. 이런 일을 도와주는 전문가를 뭐라고 부를까요?

  - 어떻게 하면 될 수 있을까요?

    - 작업치료사 면허를 취득하면 어디에서 일을 할까요?

보기

❶ 치과의사

❷ 치과대학을 졸업하거나 치의학대학원을 졸업하고 치과의사 국가자격 시험에 합격한다.

❸ 일반 치과병원 의사 / 치과의사 전문의 / 치의학 관련 연구소 연구원

❹ 치과위생사

❺ 치과의사의 치료행위를 돕는다.

❻ 치과위생사는 치위생(학)과를 졸업해야 합니다.

❼ 종합병원 치과 / 산업체 구강보건실 / 건강보험심사평가원 / 구강위생용품회사

❽ 치과기공사

❾ 치과의사의 요청으로 이빨 모양을 만들어서 치과의사에게 보낸다

❿ 치기공학과를 전공하고 치과기공사 국가자격 시험에 합격한다.

⓫ 치과기공소 / 치과재료상사 / 치과 병의원 / 치과 CAD / CAM 센터

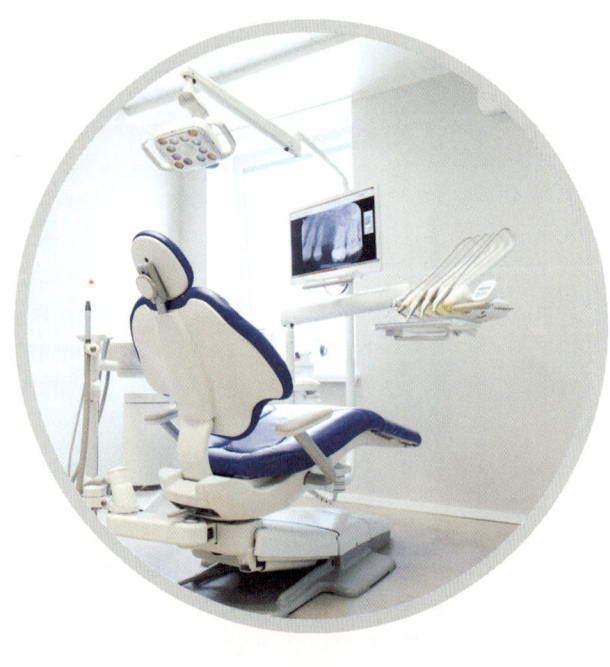

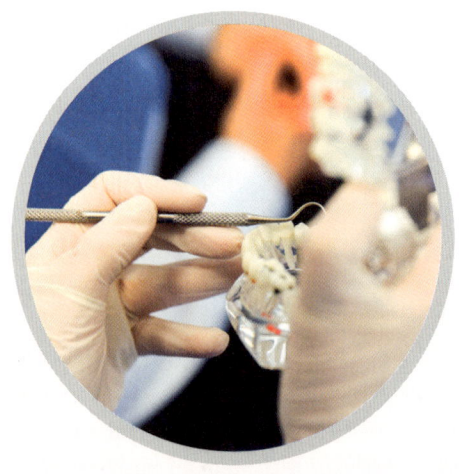

4-1. 환자를 돌보는 일과 직업에 대해 알아보겠습니다.

생각하기

- 사고로 다친 이빨을 치료하기 위해 치과에 가야 합니다. 치과에서는 어떤 전문가들이 일을 할까요?

  - 어떻게 하면 될 수 있을까요?

    - 치과의사 면허를 취득하면 어떤 직업을 가질 수 있을까요?

- 치과의사의 치료를 돕기 위해 누가 또 있을까요?

  - 치과위생사는 어떤 일을 할까요?

    - 어떻게 하면 치과위생사가 될 수 있을까요?

      - 면허를 취득하면 어디에서 일할까요?

- 치과의사의 치료를 돕기 위해 누가 또 있을까요?

  - 어떤 일을 할까요?

  - 어떻게 해야 될 수 있을까요?

  - 어디에서 일할까요?

보기

❶ 한의사

❷ 한의학과를 전공하고 한의사 국가자격 시험에 합격한다.

❸ 한의원, 한방병원, 종합병원, 국책연구원(한국한의학연구원)

❹ 한약사

❺ 한약학과를 전공하고 한약사 국가자격 시험에 합격한다.

❻ 수의사

❼ 국립대 9곳과 건국대의 수의학과를 전공하고 수의사 국가자격 시험에 합격한다.

❽ 동물병원 / 농림축산검역본부 / 항만검역실 / 사료회사 / 축산물유통업체 / 마사회
 / 군대(수의장교)

❾ 임상심리사 / 병원코디네이터 / 의료장비기사

❿ 심리학 또는 상담심리학을 전공하거나 아동, 청소년, 노인복지학과를 전공하고 임상
 심리사 국가기술 자격 시험에 합격한다.

⓫ 심리상담 기관 / 병원 / 국가 기관 / 다양한 기업체

⓬ 보건학과 / 간호학과 전공

⓭ 기전공학과 / 전기공학과 / 의료공학과 / 의료장비과 전공

4-2. 환자를 돌보는 일과 직업에 대해 알아보겠습니다.

생각하기

- 산에 갔다가 넘어져서 인대가 늘어났습니다. 침을 맞으려고 친구에게 업혀서 한의원에 왔습니다.
  - 한의원에서 일하는 의사를 뭐라고 부를까요?

    - 이러한 전문가가 되려면 어떻게 해야 할까요?

      - 한의사 면허를 취득하면 어디에서 일을 할까요?

  - 몸이 많이 허약해져 보약을 먹으려고 합니다. 한의원 혹은 약재상에서 약을 조제하는 사람을 뭐라고 부를까요?

    - 이런 전문가가 되려면 어떻게 해야 할까요?

- 동물들이 아프면 누가 치료할까요?

  - 이런 전문가가 되려면 어떻게 해야 할까요?

    - 수의사 면허를 취득하면 어디에서 일할 수 있을까요?

- 면허를 취득하지 않아도 되는 직업들도 있습니다.
  - 어떤 직업들이 있을까요?

    - 임상심리사(심리치료사)가 되려면 어떻게 해야 할까요?

      - 주로 어디에서 일을 할까요?

    - 병원코디네이터가 되려면 어떻게 해야 할까요?

    - 의료장비기사가 되려면 어떻게 해야 할까요?

보기

❶ 안경원

❷ 안경광학과를 전공하고 안경사 국가자격 시험에 합격한다.

❸ 안경원 / 안과 병 / 의원 / 안경테 및 렌즈회사 / 광학기기회사

❹ 보건의료정보관리사

❺ 보건학과를 전공하거나 보건행정학과를 전공하거나 의료공학과를 전공하거나 의무
   행정과를 전공하고 보건의료정보관리사 국가자격 시험에 합격한다.

❻ 병원(의무기록관리자) / 보건관련 정부기관 / 보건직 공무원 / 연구기관의 연구원 /
   보험 청구 및 심사전문가

❼ 보건의료전산학과 전공

❽ 건강보험공단 / 병원 전산실 / 의료기기 및 의료용품 회사

❾ 보건행정과 전공

❿ 건강보험공단 / 보건소 / 보험회사건강심사원 / 종합병원

5. 병원과 전혀 관계가 없을 것 같지만 필요한 일을 하는 사람들이 있습니다.

생각하기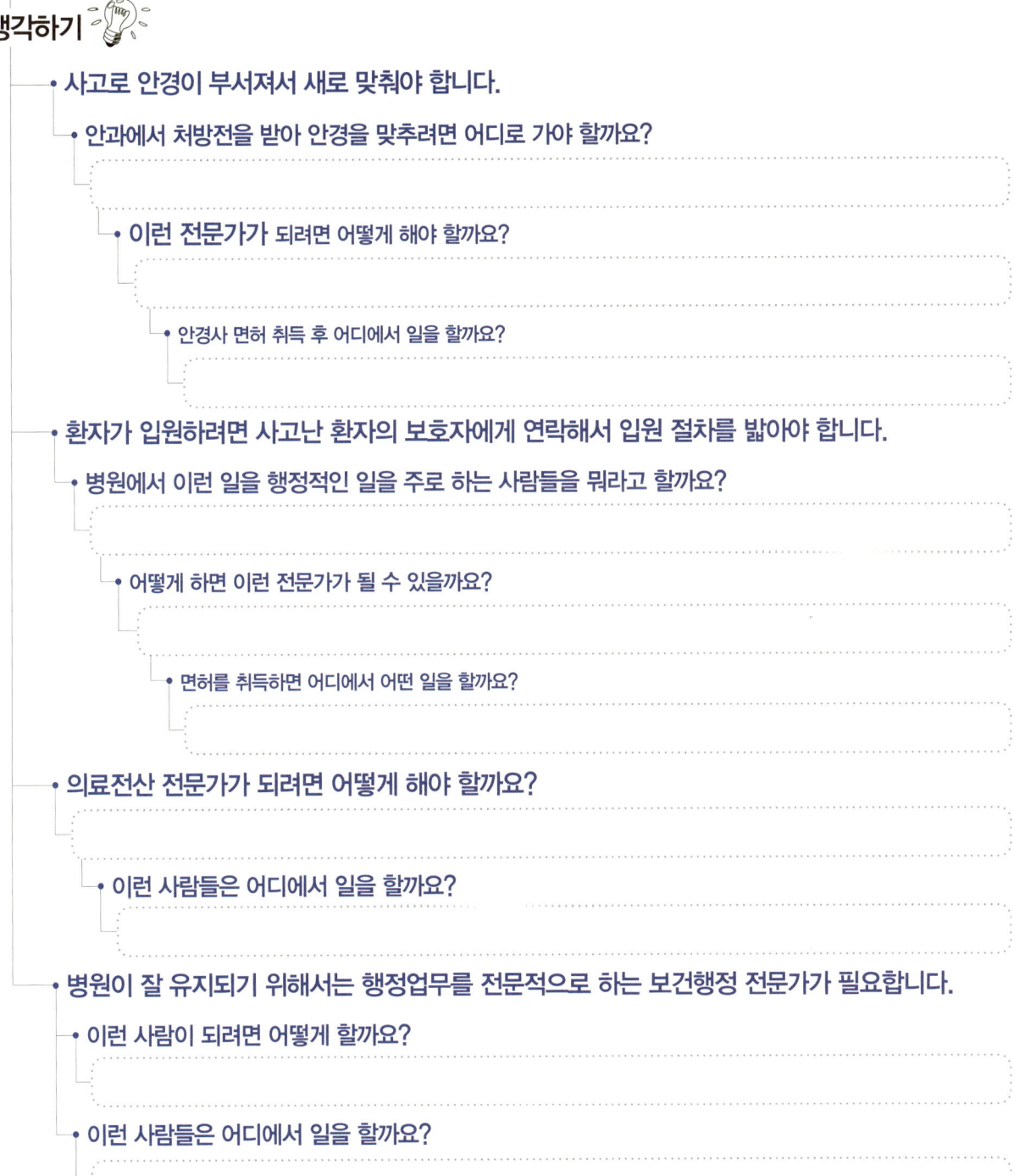

- 사고로 안경이 부서져서 새로 맞춰야 합니다.
  - 안과에서 처방전을 받아 안경을 맞추려면 어디로 가야 할까요?
    - 이런 전문가가 되려면 어떻게 해야 할까요?
      - 안경사 면허 취득 후 어디에서 일을 할까요?

- 환자가 입원하려면 사고난 환자의 보호자에게 연락해서 입원 절차를 밟아야 합니다.
  - 병원에서 이런 일을 행정적인 일을 주로 하는 사람들을 뭐라고 할까요?
    - 어떻게 하면 이런 전문가가 될 수 있을까요?
      - 면허를 취득하면 어디에서 어떤 일을 할까요?

- 의료전산 전문가가 되려면 어떻게 해야 할까요?
  - 이런 사람들은 어디에서 일을 할까요?

- 병원이 잘 유지되기 위해서는 행정업무를 전문적으로 하는 보건행정 전문가가 필요합니다.
  - 이런 사람이 되려면 어떻게 할까요?
  - 이런 사람들은 어디에서 일을 할까요?

❶ 언어재활사

❷ 언어교정과를 전공하거나 언어청각보청과, 재활언어교정과를 전공하고 언어재활사 국가자격 시험에 합격한다.

❸ 보청기회사, 복지관, 이비인후과 언어치료실, 종합병원 언어치료실, 특수학교

❹ 음악치료사(정식으로 등록되지 않은 직종)

❺ 심리학과 / 사회학과 / 간호학과 전공

❻ 상담전문가(심리상담가)

❼ 심리학과 / 사회복지학과 / 아동청소년노인복지학과 / 교육학과 / 유아교육학과 전공

전문의가 되는 준비과정인 전공의 시절은 다른 어느 직종에 비해서 힘든 경우가 대부분이다. 하루 종일 식사를 못 할 때도 있고 잠을 거의 자지 못할 때도 많지만 제도적인 보완으로 많은 개선이 이루어지고 있다. 모든 의사들이 100% 행복한 것은 절대 아니다. 학생 때 혹은 졸업 후에도 적응을 하지 못하는 사람들도 있다. 응급환자가 많은 과의 경우 새벽 3시에 전화를 받고 병원에 가기도 하기에 매우 힘들어 하기도 한다. 1년간 수백 건의 수술을 하기도 하며 정규시간을 지나서도 외래환자를 계속 봐야하는 경우도 많다. 그렇지만 대부분의 의사들은 환자들의 회복을 위해 이러한 힘든 것들을 감수하고 있다.

• **정보 출처** http://blog.naver.com/jhfor10?Redirect=Log&logNo=220450286916

6. 병원에서 근무하지 않지만 환자의 치료를 돕는 일과 직업에 대해 알아보겠습니다.

생각하기

- 심한 사고로 목을 다치면 일시적으로 언어장애가 발생하기도 합니다.
  - 말을 다시 잘할 수 있도록 도와주는 전문가를 뭐라고 할까요?

    - 이런 전문가는 어떻게 하면 될 수 있을까요?

    - 언어재활사 면허를 취득하면 어디에서 일을 할까요?

- 마음이 아픈 사람이 병원에 가지 않고 치료하는 방법들이 있습니다.
  - 음악으로 치료하는 방법이 있습니다.
    - 음악으로 치료하는 사람을 무엇이라고 할까요?

      - 이런 사람이 되려면 어떻게 해야 할까요?

  - 심리상담으로 치료하는 방법이 있습니다.
    - 심리상담으로 치료하는 사람을 무엇이라고 할까요?

      - 이런 사람이 되려면 어떻게 해야 할까요?

🔍 보기

❶ 영양사

❷ 식생활과 / 식품과학과 / 식품영양학과 / 영양식품학과 / 영양학과를 전공하고 영양사 국가자격 시험에 합격한다.

❸ 병원 / 기업 / 유치원 / 학교 / 사회복지시설 / 보건소

❹ 트레이너

❺ 재활학과 / 스포츠재활과 전공 / 식품 보건 위생 관련 전공 / 환경 보건 위생 관련 전공

❻ 보건소 / 장애인 복지관 / 재활전문병원 / 프로스포츠팀 / 청소년수련관

❼ 위생사

❽ 식품 보건 위생 관련 전공 / 환경 보건 위생 관련 전공재활학과 / 스포츠재활과 전공

❾ 공중위생접객업소의 위생관리 담당자 / 분뇨, 하수, 의료폐기물 검사 및 처리 기관 / 음료수 처리 관련 회사 / 집단 이용 시설의 방역 관련 회사

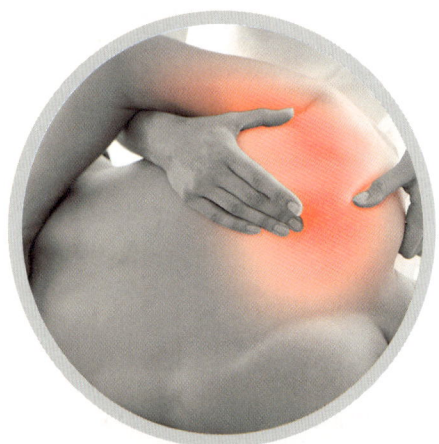

7. 식단을 짜는 전문가, 선수의 재활을 돕는 전문가, 위생관리를 전문적으로 하는 전문가들도 있습니다. 이처럼 우리의 몸과 관련이 있는 일과 직업에 대해 알아보겠습니다.

생각하기

- 환자에게 필요한 영양분을 균형있게 공급하기 위해 식단을 짜는 사람이 필요합니다.
  - 환자를 위한 식단을 짜는 사람을 뭐라고 할까요?

  - 이러한 일을 하는 전문가가 되려면 어떻게 해야 할까요?

  - 영양사 면허를 취득하면 어디에서 일할까요?

- 프로 야구선수들이 시합 중 부상을 당한 후 다시 정상적인 선수활동을 할 수 있도록 회복을 도와주는 전문가가 있습니다.
  - 이런 사람을 뭐라고 부를까요?

  - 이런 전문가가 되려면 어떻게 해야 할까요?

  - 이런 사람은 어디에서 일할 수 있을까요?

- 사람에게 위해를 끼칠수 있는 중독 또는 감염으로부터 사전예방을 위해선 전문가의 도움을 받아야 합니다.
  - 이런 사람을 뭐라고 할까요?

  - 이런 전문가가 되려면 어떻게 해야 할까요?

  - 면허를 취득하면 어떤 분야에서 일을 하게 될까요?

예체능계열에서 관심 있는 일, 직업, 전공, 직무, 회사를 적어 봅시다.

	일	직업	전공	직무	회사
1					
2					
3					
4					
5					
6					
7					
·					
·					
·					
·					

WorkChain

VII. 예체능계열

경호학과 / 공예학과 / 국악학과 / 기악학과 / 동양화과 / 만화애니메이션학과 / 무용학과 / 방송연애과 / 뷰티아트 과 / 사진학과 / 산업디자인학과 / 서양화과 / 성악학과 / 시각디자인학과 / 실내디자인학과 / 연극·영화학과 / 영 상 예술학과 / 음악학과 / 음향과 / 응용미술학과 / 작곡 학과 / 조형학과 / 체육학과 / 패션디자인학과 / 회화과

VII. 예체능계열이란

예체능계열은 첨단화, 전문화되고 있는 예술 환경의 변화에 대처할 수 있는 전문 예술 인과 신체 활동을 통해 개인의 건강유지 및 증진활동을 지도할 수 있는 체육인 양성을 목표로 하고 있습니다. 예술이라는 창작과 표현수단을 통해 감동과 아름다움을 추구하는 음악, 미술, 연극, 영화 그리고 체육 등의 활동 영역이 포함됩니다.

1. 어떤 분야로 구성되어 있을까요?

예체능계열은 디자인, 응용예술, 무용 · 체육, 미술 · 조형, 연극 · 영화, 음악으로 구성 됩니다.

– 디자인

여러 조형 요소 가운데 의도적인 선택을 통해 머릿속으로 구상하는 느낌을 창조하는 활동을 디자인이라고 합니다. 시각디자인, 제품디자인, 환경디자인이 포함됩니다.

– 응용예술

실제적인 효용에 목적을 둔 예술 영역을 의미합니다. 공예, 장식미술을 비롯하여 과학 기술의 발달로 각종 매체를 활용한 사진, 영상, 애니메이션이 포함됩니다.

– 무용 · 체육

시간과 공간 속에 존재하는 육체 예술 활동인 무용, 건전한 신체와 온전한 운동 능력을 기르는 것을 목적으로 하는 체육이 포함됩니다.

– 미술 · 조형

공간과 시각의 아름다움을 표현하는 예술인 미술을 바탕으로 각종 재료를 사용하여 공 간에 형태를 만드는 조형예술과 회화나 조각 등 시각만으로 감상하는 시각예술이 포함 됩니다.

– 연극 · 영화

실제로 공연을 하는 공연예술 또는 무대예술과 영상으로 보여주는 복제예술의 성격을 띠는 영상예술이 포함됩니다.

– 음악

시간의 흐름에 따라 생성, 전개되는 시간예술로 분류되며, 이론적 음악, 작곡과 같은 창작 음악, 연주와 같은 실천 음악 등이 있습니다. 기능과 용도에 따라 구분되는 실용 음악과 자유음악 그리고 표현 매체에 따라 구분되는 성악, 기악이 포함됩니다.

2. 무엇을 배울까요?

예체능계열에서는 이론과 실기를 병행해서 배우는데, 그 내용은 전공 영역에 따라 많이 다릅니다. 전공에 따라 시각디자인론, 일러스트레이션, 컴퓨터그래픽, 제품조형, 환경디자인, 공업디자인, 패션디자인, 실내디자인, 조명디자인, 디스플레이, 동양화, 서양화, 기초조소, 조각실기, 영상, 애니메이션, 미용학개론, 뷰티아트에 관한 과목, 피아노, 관현악, 타악, 성악, 화성법, 예술가곡, 작곡, 국악, 국악실기, 무용론, 무용연기법, 운동생리학, 스포츠생리학, 체육교육 등을 배울 수 있습니다.

3. 졸업 후 진로는 어떨까요?

졸업 후 진출 분야는 전공 영역에 따라 다릅니다. 전문예술인, 체육인, 뷰티아트 전문가, 의상 전문가, 음악인, 미술인 등으로 자신의 전공을 살리는 방향으로 진출하게 됩니다.

4. 전공에 필요한 개인의 능력은 무엇일까요?

예체능계열은 다른 분야에 비해 실기 능력이 중요해서 타고난 재능과 더불어 능력을 습득하기 위한 노력과 연습이 필요합니다. 창의력이 기본적으로 필요한 영역이기에 자신의 관심 분야 이외에도 문화, 예술 방면에 관심을 갖고 창작활동을 하는 의지가 있으면 더욱 좋겠습니다.

이 장에서는 예체능계열에 진학했을 때 선택할 수 있는 전공들을 위주로 다루었습니다. 단, 하는 일이 예체능계열만이 아닌 다른 계열 전공들과도 관계가 있을 경우에는 다른 전공도 같이 표시하였습니다.

〈정원이의 이야기를 통해 예체능계열에 대해 함께 알아볼까요?〉

정원이는 워크체인대학교 2학년으로 휴학을 하고 호주 워킹홀리데이 프로그램에 참가하기 위해 설레는 마음으로 인천 공항에 도착하였다. 출국 심사를 마무리하고 탑승 대기를 하고 있는데 기상 악화와 항공기 결함으로 인해 출발이 3시간 정도 지연된다는 안내 방송이 흘러나왔다. 3시간 동안 무엇을 하며 기다릴까 고민하고 있는데 항공사에서 탑승객들을 위해 무료공연을 준비했다고 했다.

탑승시간을 기다리며 21세기 동북아시아의 허브공항으로서 불리는 인천공항의 구석구석을 둘러보기로 하였다. 인천공항은 영종도와 용유도 사이를 매립하여 2001년 3월 21일에 개항한 대한민국의 대표 국제공항으로 시설로는 여객터미널, 화물터미널, 계류장 시설, 교통시설, 항행 안전시설 등을 갖추고 있다.

특히 야간에는 계류장의 아름다운 불빛 조명을 즐기기 위해 연인, 가족들이 즐겨 찾고 있으며, 갖가지 문화공연 이벤트도 즐길 수 있다는 것을 알 수 있었다.

체험 내용으로는 한국전통문화센터에서 국악공연을 즐길 수 있고, 외국인들을 위한 체험으로 공예체험, 복식체험 등이 있었다. 또한 문화공연으로는 밀레니엄홀 문화공연, 클래식 작은 음악회, 왕가의 산책 등이 진행되었다.

정원이는 인천공항의 곳곳을 둘러보면서 식사와 차를 즐기는 사이 3시간의 대기 시간이 눈 깜짝할 사이에 지나가고 탑승 안내 방송이 흘러나오는 것을 들으며 다시 한 번 한국인으로서의 자긍심을 느낄 수 있었다. 그리고 호주로 향하는 10시간의 비행 시간 동안 예체능 계열과 관련된 일들이 무엇이 있는지 생각해 보기로 했다.

보기

❶ 공연기획자 또는 연출가

❷ 광고홍보학과 / 언론방송매체학과 / 연극영화학과 / 경영학과 / 영상예술학과 전공

❸ 연극 극단 / 뮤지컬 극단 / 연예기획사

❹ 국악학과 / 성악학과 / 음악학과 / 작곡학과 / 실용음악과 전공. 어려서부터 기획사
에 들어가서 훈련. 가요제에 나가 입상. 연예기획사에 수시로 데모 테이프 접수

❺ 성악학과 / 음악학과 전공. 예술중고등학교 진학. 이탈리아나 유럽 등 해외로 유학

❻ 국악학과 / 기악학과 / 한국음악학과 전공. 국립국악중고등학교 진학

❼ 대학교육이 절대적인 것은 아님. 사설교육기관을 활용해도 됨

❽ 전통공연예술진흥재단 / 국립국악원 / 국립극장 / 세종문화회관 / 강남문화원

❾ 무용학과 전공

❿ 예술계 중고등학교와 전문대학 및 대학에서 전공 / 실용무용과 전공 / 사설 무용교
육기관에서 교육

⓫ 무용단에 소속 / 국립 · 시립 무용단이나 각 방송사 소속 무용단에 소속 / 프리랜서
로 활동

1-1. 다양한 공연을 관람하기 좋아하고, 제가 좋아하는 공연을 만들어 보고 싶습니다. 공연을 만드는 사람이 되려면 어떻게 해야 할까요?

생각하기

- 공연을 만드려면 공연 기획을 해야 합니다.
  - 공연기획은 누가 할까요?

    - 이러한 전문가가 되려면 어떻게 해야 할까요?

    - 공연기획자가 근무하는 곳은 어디일까요?

- 공연기획에서는 한국, 외국의 다양한 뮤지컬 공연도 있습니다. 뮤지컬 공연을 위해서는 뮤지컬 가수가 공연을 하게 됩니다.
  - 뮤지컬 배우 혹은 가수가 되려면 어떻게 해야 할까요?

    - 뮤지컬 가수들은 성악을 전공한 사람들이 대체로 많습니다.
    - 성악가가 되려면 어떻게 해야 할까요?

- 뮤지컬이나 다양한 공연에는 국악 관련 공연도 있습니다.
  - 국악인이 되려면 어떻게 해야 할까요?

  - 국악은 그외에 어디서 배울 수 있을까요?

  - 국악인들은 어디서 일할까요?

- 가수가 노래할 때 무용가도 나옵니다.
  - 무용가가 되려면 어떻게 해야 할까요?

    - 한국무용　　• 현대무용　　• 발레

  - 무용가는 어디에서 일을 할까요?

① 방송연출가(프로듀서)

② 국어국문학과 / 연극영화학과 / 영상예술학과 / 광고홍보학과 / 신문방송학과 전공. 방송아카데미 등에서의 프로그램제작에 대한 교육. 방송사 공채시험 합격

③ 감독 및 기술감독 과정

④ 방송연예과 / 연극영화학과 전공. 방송아카데미 및 사설교육기관의 교육. 학력이나 특별한 자격 없이 방송사의 공채 합격

⑤ 국어국문학과 / 문예창작과 / 연극영화학과 전공. 사설학원에서 교육. 신춘문예 당선

⑥ 광고디자이너

⑦ 광고홍보학과 / 산업디자인학과 / 시각디자인학과 전공. 사설디자인 학원에서 교육

⑧ ACS(외국) / 시각디자인 산업기사 / 기사(국가기술) / 컴퓨터그래픽스운용기능사(국가기술)

⑨ 시각디자이너 과정

⑩ 카피라이터

⑪ 국어국문학과 / 문예창작과 / 정보미디어학과 / 신문방송학과 / 광고홍보학과 전공. 한국방송광고공사 교육원 교육과정 이수. 사설학원에서 카피라이팅 교육

⑫ 작가 및 관련 전문가 과정

⑬ 제일기획 / 이노션 / HS애드 / 대홍기획 / SK플래닛 M&C부문 / TBWA코리아 / 오리콤 / 레오버넷 / 금강오길비 / 농심기획 / 상암커뮤니케이션즈

1-2. 각종 시설물에 대형 스크린을 설치해서 여러 채널의 방송을 보여주거나 광고방송을 하기도 합니다. 방송과 관련하여 어떤 직업과 일이 있는지 알아보겠습니다.

생각하기

- 우리는 다양한 방송을 통해 지식과 재미를 얻기도 합니다.
  - 방송을 만드는 사람을 뭐라고 부를까요?
    - 방송연출가가 되려면 어떻게 할까요?
    - 훈련 과정에는 어떤 것이 있을까요?
  - 방송국에는 성우도 필요합니다.
    - 성우가 되려면 어떻게 해야 할까요?
  - 방송작가가 되려면 어떻게 해야 할까요?

- 방송에는 광고도 많이 나옵니다.
  - 방송에 나오는 광고 디자인은 어떤 사람들이 할까요?
    - 이런 전문가가 되려면 어떻게 해야 할까요?
    - 관련 자격에는 어떤 것이 있을까요?
    - 훈련 과정에는 어떤 것이 있을까요?

- 광고에는 카피가 필요합니다.
  - 광고 카피는 누가 만들까요?
    - 카피라이터는 어떻게 될까요?
    - 훈련 과정에는 어떤 것이 있을까요?

- 우리나라에는 어떤 광고회사가 있을까요?

보기

❶ 국악학과 전공

❷ 기악학과 / 실용음악과 / 음악학과 / 작곡학과 전공

❸ 빈 필하모닉 / 암스테르담 로열 콘서트헤보 / 베를린 필하모니 / 런던 심포니 / 드레스덴 슈타츠카펠레 / 바이에른 방송교향악단 / 라이프치히 게반트하우스 / 상트페테르부르크 필하모니 / 체코 필하모닉 / 필하모니아(런던)

❹ 국립 · 시립 교향악단 / 기업체 교향악단 / 방송사 교향악단

❺ 조명기사

❻ 영상예술학과 / 전기공학과 / 영상제작관련학과 / 전문대학 및 대학교의 전기전자 통신관련 학과 / 방송기술관련 학과 전공

❼ 방송통신기능사 / 방송통신산업기사 / 방송통신기사

❽ 조명기사 및 영사기사 과정

❾ 연극영화학과 / 영상예술학과 / 방송연예과 전공. 학력 전공 제한 없음. 사설 교육 기관에서 교육. 방송사 오디션에 합격

❿ 레크레이션 진행자

⓫ 연극영화학과 / 체육학과 / 이벤트학과 / 전문대학 및 대학교의 레크레이션학과 전공

⓬ 스포츠 및 레크레이션 강사 과정

1-3. 그 외에 공연 관련 직업들은 어떤 것들이 있을까요?

생각하기

- **공연을 하려면 악기를 연주하는 사람들이 필요합니다.**
  - **연주가가 되려면 어떻게 해야 할까요?**
    - 한국전통악기
    - 서양 악기
  - **유럽에는 어떤 교향악단이 있을까요?**
  - **우리나라에는 어떤 교향악단이 있을까요?**

- **공연을 할 때나 무대에는 조명이 필요합니다.**
  - **조명을 다루는 사람을 무엇이라고 부를까요?**
    - 이런 전문가가 되려면 어떻게 해야 할까요?
    - 관련 자격증에는 어떤 것이 있을까요?
    - 훈련 정보에는 어떤 것이 있을까요?

- **공연장에서 사회를 보거나 분위기를 즐겁게 해줄 개그맨이 나오기도 합니다.**
  - **어떻게 해야 개그맨이 될 수 있을까요?**

- **유명 개그맨은 아니지만 다양한 행사 진행을 하는 전문가도 있습니다.**
  - **이런 전문가를 뭐라고 부를까요?**
    - 이런 전문가가 되려면 어떻게 해야 할까요?
    - 훈련 과정에는 어떤 것이 있을까요?

보기

❶ 영화제작사 또는 영화배급사

❷ CJ E&M 주식회사 / 롯데쇼핑(주) 롯데엔터테인먼트 / (주)넥스트엔터테인먼트월드 (NEW) / 쇼박스(주)미디어플렉스 / 워너브러더스코리아(주) / 유니버셜픽쳐스인터 내셔널코리아(유) / 이십세기폭스코리아(주) / 필라멘트픽쳐스 / (주)시너지하우스 (시너지) 등

❸ 방송연예과 / 연극영화학과 전공. 사설교육기관의 연기자 양성과정 훈련을 받음. 연기자 오디션에 합격

❹ 연예기획사

❺ SM엔터테인먼트 / JYP / 울림엔터테인먼트 / YG엔터테인먼트 / 씨제스엔터테인먼트 / 젤리피쉬엔터테인먼트 / 필레코드 / F&C뮤직 / 큐브엔터테인먼트 / 티오피 미디어 / TS엔터테인먼트

❻ 방송연예과 / 연극영화학과 / 영상예술학과 전공. 각종 모델 선발 대회 참가

❼ 의상 코디네이터

❽ 의류의상학과 / 패션디자인학과 전공. 사설 전문기관에서 교육. 디자인 관련 학원에 서 교육

❾ 프라다코리아 / 태진인터내셔날 / 성주디엔디 / 영원무역 / 루이비통코리아 / 블랙 야크 / 에이비씨마트코리아 / 지오다노 / SK네트웍스 / 아디다스코리아 / 데상트 코리아 / 한섬 / 에프알엔코리아 / 신세계인터내셔날 / 나이키스포츠 / K2코리아 / LG패션 / 자라리테일코리아 / 휠라코리아 / 제일모직 / 신영와코르 / 신성통상 / 패션그룹형지 / 남영비비안 / 아가방앤컴퍼니 / 코오롱인더스트리 / 진도 / BYC / 화승 / 아식스스포츠 / 신원 / 더베이직하우스 / 뱅뱅어패럴

❿ 영화 감독

⓫ 연극영화학과 / 영상예술학과 / 광고홍보학과 / 신문방송학과 전공. 사설 학원 등에서 영화 제작에 관한 전문교육을 받음. 단편영화제 공모에 당선. 독립영화제작 실습을 통해 입문

⓬ 감독 및 기술감독 과정

2. 정원이의 친구는 공연보다 영화를 좋아해 직접 영화를 만들고 싶다고 합니다. 영화와
관련된 직업과 일에는 어떠한 것들이 있을까요?

생각하기

- 영화는 어느 회사에서 만드나요?

  - 영화제작사에는 어떤 회사들이 있을까요?

- 영화 제작을 위해서는 많은 연기자들이 필요합니다.

  - 연기자가 되려면 어떻게 해야 할까요?

  - 이런 연기자들은 주로 어느 회사에서 일을 할까요?

    - 연예기획사에는 어떤 회사들이 있을까요?

  - 연기자 중에는 모델도 있습니다.

    - 모델이 되려면 어떻게 해야 할까요?

- 연기자들의 의상이나 패션을 관리하는 사람들이 있습니다.

  - 이런 사람들을 무엇이라고 부를까요?

    - 코디네이터가 되려면 어떻게 해야 할까요?

  - 여기서 잠깐 우리나라를 대표하는 패션 회사에는 어떤 회사들이 있을까요?

- 영화는 누가 만드나요?

  - 영화 감독이 되려면 어떻게 해야 할까요?

  - 훈련 과정에는 어떤 것이 있을까요?

보기

❶ 보석세공원

❷ 공예학과 / 전문대학 및 대학의 귀금속공예과 전공 / 전문대학 및 대학의 보석 가공과 전공

❸ 귀금속가공기능사 / 산업기사 / 기능장(국가기술)

❹ 귀금속 및 보석 세공원 과정

❺ 헤어아티스트 또는 메이크업 아티스트

❻ 미용고등학교 및 전문계 고등학교의 미용 관련 학과 전공 / 뷰티아트과를 전공 / 방송아카데미에서 하는 교육 / 사설학원 교육 / 전문대학 및 대학교의 미용 관련학과 전공 / 화장품 관련 업체에서 개설하는 뷰티아카데미 교육

❼ 박준미장원 / 이가자 미용실 / 준오 미장원 / 개인 유명 미장원 / 본인이 운영하는 미장원

❽ 메이크업 아티스트 및 분장사 과정

❾ 피부관리사

❿ 대학의 피부미용과 및 피부관리과 전공 / 미용고등학교 및 전문계고등학교의 미용과 전공 / 뷰티아트과 전공 / 사설학원의 교육과정 이수 / 화장품학과 전공

⓫ 미용사(피부)(국가기술) / 미용장(국가기술)

⓬ 화장품 회사 / 개인 피부관리실 / 본인이 운영하는 피부관리실

⓭ LG 생활건강 / 아모레퍼시픽 / 애경산업 / 보령메디앙스 / 소망화장품 / 코리아나 / 미예부 /한국화장품 / 참존화장품 / 미암 / 유니베라 / 한불화장품 / 김정문알로에 / 사임당화장품 / 생그린 등

3. 우리가 이용하는 다양한 시설에는 각종 부대시설이나 편의시설과 관련된 직업과 일이 많습니다.

생각하기

- 부대시설에는 귀금속을 파는 곳도 있습니다.
  - 귀금속은 누가 만들까요?
    - 이런 사람이 되려면 어떻게 해야 할까요?
    - 관련 자격에는 어떤 것이 있을까요?
    - 훈련 과정에는 어떤 것이 있을까요?
- 부대시설에는 미용실도 있습니다.
  - 미용실에서는 누가 일할까요?
    - 뷰티 아티스트가 되려면 어떻게 할까요?
    - 헤어아티스트는 어디서 일을 할까요?
    - 훈련 과정에는 어떤 것이 있을까요?
- 부대시설에서 피부를 관리하는 일을 하는 사람을 뭐라고 할까요?
  - 피부관리사가 되려면 어떻게 해야 할까요?
  - 관련 자격에는 어떤 것이 있을까요?
- 메이크업 아티스트나 피부 미용사는 어디서 일을 할까요?
  - 우리나라에는 어떤 화장품 회사가 있을까요?

| 143 |

보기

❶ 경호원

❷ 법학과 / 비서과 / 행정학과 / 경호학과 / 무용학과 / 체육학과 / 경찰행정학과 전
공. 사설학원이나 관련협회 양성교육과정

❸ 일반경비지도사(국가전문) / 자동차운전면허 제1종 2종 보통(국가전문) / 각종 무
술(유도, 검도, 합기도) 자격증

❹ 경호원 양성과정

❺ 아이언클레드 / 보디가드코리아 / ADT캡스

- **다양한 부대시설에는 사람들의 안전을 책임지는 사람들도 있습니다.**

- **이런 일은 누가 할까요?**

- 이런 사람이 되려면 어떻게 해야 할까요?

- 관련 자격에는 어떤 것이 있을까요?

- 훈련 과정에는 어떤 것이 있을까요?

- 대표적인 경호 업체에는 어떤 곳이 있을까요?

보기

❶ 음향기사

❷ 전자공학과 / 영상예술학과 전공

❸ 지상파 방송 : 공공재산인 전파를 통해 프로그램을 송신하는 방송을 말한다. 일반적으로 '공중파'라고도 하지만 정확한 명칭은 '지상파'가 정확한 말이다.

❹ 50여 개의 지방방송국 : KBS, EBS는 공영방송, SBS는 민영방송, MBC는 조직은 공영이고 내용은 민영이며, 다른 방송사는 특수방송으로 분류할 수 있다.

❺ 케이블 방송 : 지상파와는 반대되는 개념으로 프로그램을 제작하여 유선(케이블)을 통해 각 가정으로 보내주는 방송을 말한다.

❻ KT / 한국전력공사

❼ DCN / YTN / BTV / KMTV / 투니버스 / 동아TV 등 29개

❽ 서울, 부산, 제주 등 54개 지역 방송국

❾ 중계유선방송 : 일반적으로 말하는 유선방송이며, 케이블TV가 생기기 전에 난시청 지역 해소를 위한 지상파 재방송 송신망을 가리킨다.

❿ 인터넷 방송 : 유선을 통해 송수신되나 케이블과는 개념이 다르다. 간단히 말해 케이블은 지역대상이며 인터넷 방송은 전세계를 대상으로 하고 있는 방송이다.

⓫ 위성 방송 : 적도 상공 36,000 Km의 정지 궤도 위성을 경유하여 지상에서의 전파를 중계하고 직접 가정에서 수신하는 것을 목적으로 하는 방송을 말한다.

⓬ 녹음기사

⓭ 전자공학과 / 영상예술학과 전공. 전문대학 및 대학교의 전기/전자/통신관련학과 전공. 전문대학 및 대학교의 영상제작학과 전공. 방송기술관련학과 전공

4-1. 제작된 공연이나 영화 TV프로그램 등은 대형 스크린으로 여러 채널의 방송을 해주거나 광고방송을 하기도 합니다. 방송관련 직업과 일이 있는지 알아보겠습니다.

 생각하기

- 각종 시설에는 안내 방송을 많이 합니다. 이런 안내방송을 위해서는 음향시설이 필요합니다.
  - 이런 일을 하는 사람을 무엇이라고 할까요?

    - 이런 전문가가 되려면 어떻게 해야 할까요?

  - 여기서 잠깐 방송 관련이야기가 나왔으니 우리나라 방송사에 대해 알아볼까요?
  - 방송사에는 어떤 곳이 있을까요?

    - KBS, MBC, SBS, EBS, CBS, PBC(평화방송), 극동방송, 아세아방송, 교통방송, 불교방송

      - NO(Network Operator-네트웍 설치자)

      - PP(Program Provider-프로그램 공급업자)

      - SO(System Operator-지역종합유선방송국)

- 공연상황이나 안내 방송을 녹음을 해서 틀어 주기도 합니다.
  - 이러한 일을 하는 사람을 무엇이라고 할까요?

    - 이런 전문가가 되려면 어떻게 해야 할까요?

보기

❶ 방송통신기능사 / 방송통신산업기사 / 방송통신기사

❷ 음향 및 녹음 기사

❸ 언론방송매체학과 / 영상예술학과 전공

❹ 전기공학과 / 전자공학과 / 정보통신공학과 / 연극영화학과 / 영상예술학과 전공

- 관련 자격에는 어떤 것이 있을까요?

- 훈련 과정에는 어떤 것이 있을까요?

• 촬영기사가 되려면 어떻게 해야 할까요?

• 영상녹화 및 편집기사가 되려면 어떻게 해야 할까요?

보기

❶ 쇼핑호스트

❷ 사회학과 / 언론방송매체학과 / 연극영화학과 / 신문방송학과 전공 / 사설교육기관이나 언론사의 방송아카데미 교육

❸ 아나운서 및 리포터 과정

❹ 롯데쇼핑 / 신세계몰 / SSG닷컴 / 씨제이오쇼핑 / 지에스홈쇼핑 / 현대홈쇼핑 / 우리홈쇼핑 / 엔에스쇼핑 / 홈앤쇼핑 / AK몰 / 롯데닷컴 / 대구백화점 / 한국우편사업진흥원=우체국쇼핑 / 광신엔터프라이즈=여인닷컴 등

❺ 일러스트레이터

❻ 동양화과 / 산업디자인학과 / 서양화과 / 시각디자인학과 / 응용미술학과 / 회화과 / 애니메이션학과 전공. 사설교육기관에서 교육

❼ ACS(외국) / 시각디자인 산업기사 / 기사(국가기술) / 컴퓨너그래픽스운용기능사(국가기술)

❽ 시각디자이너 과정

❾ 화가

❿ 동양화과 / 서양화과 / 응용미술학과 / 회화과 전공 / 전공 관계없이 작품으로 인정을 받는다

⓫ 학예사(큐레이터)

⓬ 문화민속미술사학과 / 역사고고학과 / 공예학과 / 동양화과 / 서양화과 / 조형학과 / 회화과 전공

4-2. 방송을 통해 광고도 하고, 물건을 팔기도 하며, 다양한 정보를 주기도 합니다. 이와 관련해 어떤 직업과 일이 있는지 알아보겠습니다.

생각하기

- 케이블TV에서 물건을 파는 사람을 무엇이라고 부를까요?

  - 쇼핑호스트가 되려면 어떻게 해야 할까요?

  - 훈련 과정에는 어떤 것이 있을까요?

  - 우리나라 홈쇼핑회사에는 어떤 곳이 있을까요?

- 잡지나 신문에 그림을 그리는 사람이 필요합니다.
- 이와 같은 일을 하는 사람을 뭐라고 부를까요?

  - 이런 전문가가 되려면 어떻게 해야 할까요?

  - 관련 자격에는 어떤 것이 있을까요?

  - 훈련 과정에는 어떤 것이 있을까요?

- 간혹 시설 안에 유명 작가의 그림도 전시되어 있습니다.
- 그림을 전문적으로 그리는 사람을 무엇이라고 부를까요?

  - 이런 사람이 되려면 어떻게 해야 할까요?

- 그림에 대한 조예가 깊은 사람들은 박물관을 운영하고 싶어 하기도 합니다.
- 박물관에 소장할 물건과 놓는 위치 선정 등을 전문적으로 하는 사람을 무엇이라고 할까요?

  - 이런 전문가가 되려면 어떻게 해야 할까요?

보기

❶ 박물관 및 미술관정학예사 1, 2, 3급(국가전문) / 박물관 및 미술관준학예사(국가전문)

❷ 큐레이터 및 문화재 보존원 과정

❸ 국립 / 공립 / 시립 / 도립 / 구립/ 대학 / 개인

❹ 국립 / 공립 / 시립 / 도립 / 구립/ 대학 / 개인

❺ 사진작가

❻ 사진학과 / 영상예술학과 전공. 전공에 관계없이 사진을 많이 찍어 인정을 받으면
될 수 있음. 예술고등학교와 대학의 사진관련학과 전공. 사진가 양성 전문 사설기관
교육. 문화센터 / 사회 교육원에서 교육

❼ 사진기능사(국가기술)

❽ 사진작가 및 사진사 과정

- 관련 자격에는 어떤 것이 있을까요?

- 훈련 과정에는 어떤 것이 있을까요?

- 우리나라 박물관 / 미술관의 운영 주체는 어디일까요?

  - 박물관

  - 미술관

- 공항에는 많은 유명 작가의 사진도 걸려 있습니다.

  - 사진을 찍는 전문가를 뭐라고 할까요?

    - 이런 전문가가 되려면 어떻게 해야 할까요?

    - 관련 자격에는 어떤 것이 있을까요?

    - 훈련 과정에는 어떤 것이 있을까요?

보기

❶ 인테리어디자이너

❷ 실내디자인학과 / 실내건축학과 / 실내건축디자인학과 / 인테리어디자인학과 전공

❸ 실내건축기사 / 실내산업기사 / 실내기능사(한국산업인력공단)

❹ 각 건설사 내부에 있는 인테리어 회사 / 중앙디자인 종합인테리어 / 국보디자인 종합인테리어 / 희훈디앤지 종합인테리어 / 삼원S&D 종합인테리어 / 리스피엔씨 종합인테리어 / 카본데일인터내셔날 종합인테리어 / 다원디자인 종합인테리어 / 우원디자인 종합인테리어 / 계선 종합인테리어 / 풍진아이디 화의 등

❺ 제품디자이너

❻ 산업디자인학과 / 패션디자인학과 / 시각디자인학과 전공. 전문대학이나 대학교의 제품디자인 관련학과 전공. 해외에서 디자인 관련 전공. 디자인 관련 사설기관에서 교육

❼ 제품디자인산업기사 / 기사 / 기술사(국가기술)

❽ 제품디자이너 과정

5. 모든 시설과 공간을 아름답게 만들어주는 일과 직업에 대해 알아보겠습니다.

생각하기

- 모든 시설과 공간을 아름답게 만드는 일을 누가 할까요?

  - 이런 전문가가 되려면 어떻게 해야 할까요?

    - 관련 자격증에는 어떤 것이 있을까요?

  - 인테리어 관련 회사에는 어떤 곳이 있을까요?

- 각종 시설에서는 여러 제품들을 판매합니다.
- 제품은 어떤 사람이 디자인 할까요?

  - 이런 전문가가 되려면 어떻게 해야 할까요?

  - 관련 자격에는 어떤 것이 있을까요?

  - 훈련 과정에는 어떤 것이 있을까요?

보기

❶ 운동선수

❷ 체육학과 전공 / 프로 입단

❸ 농구 / 야구 / 축구 / 게이트볼 / 골프 / 당구 / 라켓볼 / 럭비 / 배구 / 볼링 / 탁구 / 핸드볼

❹ 봅슬레이 / 스켈레톤 / 스케이팅 / 스키 / 스케이트보드 / 스노우보드 / 컬링

❺ 검도 / 태권도 / 국선도 / 합기도 / 특공무술 / 유도

❻ 승마 / 사격 / 역도 / 육상 / 체조 / 궁도 / 철인3종

❼ 수영 / 다이빙 / 카누 / 수상스키 / 조정 / 요트 / 보트 / 서핑

❽ 스포츠에이전트

❾ 경영학과 / 경제학과 / 광고홍보학과 / 체육학과 / 의학과 / 법학과 전공

❿ 스포츠뱅크 코리아 / 넷포츠 / 스타디움 / 스포츠소프트 / Sports.co.kr / 금강기획 스포츠 마케팅팀 / 제일기획 스포츠마케팅팀 / LG애드 스포츠마케팅팀 / 미국 : IMG의 지사인 IMG Korea / 유럽 : Octagon Group / 영국 : Tiger Pools

⓫ 체육지도사 / 체육관련협회 사무원

6. 이번에는 스포츠와 관련된 일이나 직업에는 어떤 것이 있는지 알아보겠습니다.

생각하기

- 여가 시간을 즐기기 위해 운동을 관람하기도 합니다.
  - 운동을 전문으로 하는 사람을 무엇이라고 부를까요?

    - 운동선수가 되려면 어떻게 해야 할까요?

    - 운동에는 어떤 종목이 있을까요?
      - 구기스포츠

      - 겨울스포츠

      - 무예격투기

      - 기타 스포츠

      - 수상스포츠

- 스포츠 선수를을 전문적으로 관리하는 사람을 무엇이라고 할까요?

  - 스포츠 에이전트가 되려면 어떻게 해야 할까요?

  - 스포츠 마케팅 회사에는 어떤 곳이 있을까요?

- 국가를 대표하는 선수로서 활동한 이후에는 어떤 방향으로 나갈 수 있을까요?

스포츠 분야에서 운동선수가 아닌 다른 분야로 가고 싶은데 어떤 직업이 있을까요?

스포츠기록분석연구원

스포츠기록분석연구원은 선수와 팀, 그 외 스포츠 경기와 관련한 전반적인 내용을 관찰하고, 객관적이며 과학적인 방법으로 기록합니다. 이는 경기력을 분석하고 해석하는 데이터가 됩니다.

- 스포츠기록분석연구원이 되기 위해서는 스포츠기록분석학과 등에서 교육을 받을 수 있으며, 전문적인 지식이 필요하기 때문에 대학원 과정을 이수하면 스포츠경기력분석가로 활동하기에 유리합니다.

야외활동지도사

- 야외활동지도사는 스포츠와 레저, 자연보호에 대한 전문지식을 바탕으로 야외활동을 안전하게 즐기는 방법과 전문기술 등을 지도합니다. 또한 야외활동을 기획하고 연출하는 일도 수행합니다.
- 야외활동지도사와 유사한 국내 직업으로 생활체육지도사가 있으며, 국가가 지정한 연수원에서 생활체육지도사를 준비할 수 있습니다.

스포츠 카운슬러

- 스포츠 활동에 부적응 문제를 겪는 사람을 면담하여 적절한 조치로 스포츠 능력을 강화하거나 스포츠 선수의 정서적 불안을 제거하여 능력을 발휘할 수 있도록 도와주는 역할을 합니다.
- 스포츠 카운슬러가 되기 위해서는 대학에서 심리학, 상담 관련 전공을 하면 좋습니다. 또한, 다양한 분야에서 많은 상담 경험을 쌓은 후 활동하면 도움이 됩니다.

스포츠 에이전트

- 스포츠 에이전트는 스포츠 관련 프로그램 및 서비스를 개발하고, 이를 운영하기 위한 기획 및 절차를 조직하여 지속적으로 조정하고 관리하는 역할을 담당합니다.
- 대학에서 경영학과, 스포츠학과, 사회체육학과 등을 배우면 스포츠 에이전트로 일하는 데 유리합니다. 국가자격이나 민간자격이 존재하지는 않지만 대한축구협회에서 주관하는 KFA인증 Players Agent 자격시험에 합격하면 국내 프로축구에 한하여 스포츠 에이전트로 활동할 수 있습니다.

스포츠 트레이너

- 스포츠 트레이너는 운동선수들의 건상상태를 확인하고 선수들이 경기에서 최상의 컨디션을 발휘할 수 있도록 도움을 주고, 훈련하는 일을 담당합니다.

- 대학에서 체육 또는 물리치료 관련 학과를 졸업하면 스포츠 트레이너가 되는 데 유리합니다. 또한, 민간 자격인 대한선수트레이너협회에서 주관하는 선수트레이너 자격이 있으면 도움이 됩니다.

스포츠 마케터

- 스포츠 마케터는 스포츠 마케팅을 통해 기업이 대중에게 회사 이름을 알리면서 좋은 이미지를 가질 수 있도록 스포츠와 관련된 각종 행사를 지원하고, 스포츠 용품 등을 판매합니다.
- 대학에서 경영학, 경제학, 회계학 등을 전공하면 스포츠 마케터가 되는 데 유리하며, 업무 수행을 위해 마케팅에 대한 기본 지식을 갖추어야 합니다. 광고회사 등에서 경력을 쌓은 후 이 분야에서 활동할 수도 있습니다.

스포츠 해설가

- 스포츠 해설가는 축구, 야구, 배구 등 각종 스포츠와 관련된 정보를 수집·분석하여 스포츠 경기에 참가하는 팀과 선수들에 대해 설명하고 해설합니다.
- 스포츠 해설가가 되는 데 특별히 요구되는 학력 제한은 없습니다. 하지만 기자, 에이전트, 스포츠 선수 등 스포츠 관련 분야에서 경력을 쌓아 실력을 인정받고 스포츠 해설가로 활동하는 경우가 많습니다.

지금까지 관심을 갖고 생각한 일, 직업, 전공, 직무, 회사를 적어 봅시다.

	일	직업	전공	직무	회사
1					
2					
3					
4					
5					
6					
7					
8					
9					
10					
11					
12					
13					
14					
15					
16					
17					
18					
19					
20					

워크체인이란?

직업세계를 가르치는 것이 아니라 알파고가 사용한 비지시 학습 딥러닝방식으로 직업세계를 스스로 알아가는 방법이다.

워크체인은 '물건이나 서비스가 만들어지는 과정 속에서 일, 직업, 전공, 직무, 회사를 통합적으로 이해하는 체험형 진로프로그램이다.

워크체인을 통해 다음의 내용들을 깨닫게 된다.

모든 물건은 매우 다양한 일이 순차적으로 결합되어야 만들어진다.

일을 하려면 반드시 배워야 한다.

일을 배우려면 반드시 교육이나 체험, 경력이 필요하고, 학교가 아닌 다른 곳에서도 배울 수 있다.

어떤 교육을 받을 것인지는 본인의 흥미나 목표에 따라 스스로 정할 수 있다.

일 단위를 이해할 수 있는 통찰력이 생겨 어떤 물건을 보면 그 물건과 관련된 워크체인을 상상해 낼 수 있고, 그 속에서 어떤 일을 할 수 있는지를 찾아낼 수 있다.

직업세계를 구성하는 일, 직업, 전공, 직무, 회사 또는 조직의 관계를 있는 그대로 이해할 수 있다.

워크체인은 다음과 같은 체계로 구성되어 있습니다.

- 초급 과정 : 체험형 진로탐색 프로그램 워크체인; 현실 직업세계를 이해하고 진로를 선택할 수 있게 하는 과정(초/중/고/대학생, 창업 준비생)

- 중급 과정 : 전공으로 보는 직업세계 워크체인; 대학별 전공을 이해하고 전공을 기반으로 진로를 선택할 수 있게 하는 과정 (진로 성숙도가 높은 초./중학생, 고등학생, 대학생, 전과를 희망하는 대학생)

- 고급 과정 : 미래 지속 가능 직업 워크체인; 현재 나타나고 있는 직업과 사라지기 어려운 전통직업을 이해하고 진로를 선택할 수 있게 하는 과정(진로 성숙도가 높은 초/중학생, 고등학생, 대학생, 사회 초년생, 직장인, 퇴직자)

- 심화 과정 : 미래직업 워크체인; 완전히 새로운 직업에 대해 이해하고 경력개발 방법을 연구하는 과정(진로 성숙도가 높은 초/중학생, 고등학생, 대학생, 직장인, 미래 지향적 은퇴자)

연락처 : 서울 성동구 왕십리로 222 한양대학교 경영관 415호

㈜KLCD chang082@naver.com / 010-8777-2496

김창

(주)KLCD대표이사, 한양대학교/중앙대학교 겸임교수

(사)한국커리어개발협회 이사, (사)한국취업컨설턴트협회 수석컨설턴트

(주)NH투자증권, (주)아시안컨설팅, (주)아데코코리아

김정환

사회학박사, (주)에스엠피 대표, (주)KLCD 기업 및 교육기관 MOU 담당 이사

(주)서울비즈니스 컨설팅, 월마트코리아, 앞산일신학원 원장

김현빈

(주)뱅커스앤컴퍼니 상무, (주)KLCD 수석 연구원, 인덕대학교 외래교수

(주)스카우트, (주)알리안츠 프랑스 생명, 산림청 임업연구원 목재방부실

최진희

커리어비전 대표이사, 고용노동부 일자리창출 심사위원

KBSTV〈일자리119〉전문패널, MBC〈언니가 돌아왔다〉

허제인

제인파트너스 대표이사, 경희대학교/한양대학교 겸임교수, 경영학 박사

(사)창업인재경영협회 이사, 아시아나항공(주), (주)일본테크노경영종합연구소, (사)한국능률협회 전문위원

인문 · 사회 · 교육 · 자연 · 공학 · 의약 · 예체능 계열

전공으로 보는 직업세계

초판 1쇄 발행일 | 2017년 11월 15일
2쇄 발행일 | 2021년 7월 15일

지은이 | 김창, 김정환, 김현빈, 최진희, 허제인
펴낸곳 | 북마크
펴낸이 | 정기국
디자인 | 서용석
마케팅 · 관리 | 안영미

주 소 | 서울특별시 동대문구 왕산로23길 17(제기동) 중앙빌딩 305호
전 화 | (02) 325-3691
팩 스 | (02) 6442-3690
등 록 | 제303-2005-34호(2005.8.30)
ISBN | 979-11-85846-63-7 13320
값 | 15,000원

판매원 | 워크체인 개발원
　　　　　 010-7933-0694